Produkttechnischer Fortschritt und Profite

Eine mikroökonomische Darstellung

Von

Dr. Heinrich Bortis

DUNCKER & HUMBLOT / BERLIN

Gedruckt 1971 bei Richard Schröter, Berlin 61
Printed in Germany
ISBN 3 428 02509 1

HEINRICH BORTIS

Produkttechnischer Fortschritt und Profite

Volkswirtschaftliche Schriften

Herausgegeben von Dr. J. Broermann, Berlin

Heft 171

Meinen Eltern

Vorwort

Die vorliegende Arbeit beschäftigt sich mit drei Problemkreisen.

Als erstes wird versucht, den produkttechnischen Fortschritt abzugrenzen. Dies läuft darauf hinaus, den Unterschied zwischen differenzierten und neuen Produkten aufzuzeigen.

Weiter werden die Zusammenhänge zwischen Produktdifferenzierungen und Profiten analysiert. Das Problem ist dabei als ein statisches aufgefaßt. Das Hauptgewicht ist auf die Bestimmung des Einflusses der Eigenschaften der Nutzenfunktion des Konsumenten auf den Unternehmerprofit gelegt.

Schließlich werden einige Beziehungen zwischen der Einführung von neuen Produkten und Profiten dargestellt. Die Aufgabenstellung ist hierbei grundsätzlich dynamisch.

Allgemein gesehen ist die Darstellung in zweifacher Hinsicht begrenzt: Die Aufgabenstellungen sind eingeschränkt und ihre Lösungen speziell. Es handelt sich also um keine grundsätzliche Arbeit, sondern um einen bescheidenen Beitrag zum gestellten Thema.

Für Hinweise bin ich meinem Lehrer, Prof. Dr. F. H. Fleck, sowie Prof. Dr. P. Balestra zu Dank verpflichtet. Dank gebührt auch meiner Frau für ihr Verständnis bei der Anfertigung der Arbeit.

Heinrich Bortis

Inhaltsverzeichnis

ZWEITER TEIL

Analyse der Angebots- und Nachfrageseite bei Auftreten von produktionstechnischem Fortschritt

Drittes Kapitel

Viertes Kapitel

DRITTER TEIL

Die Determinierung des Profits durch das Zusammenwirken von Angebot und Nachfrage

Fünftes Kapitel

Verzeichnis von häufig verwendeten Größen

a	Vektor der Grundeigenschaften eines Gutes
a_i	Koeffizienten der Nachfragefunktionen
b	Vektor der Nebeneigenschaften eines Gutes
b_i	Koeffizienten der Kostenfunktionen
C	Gesamtkosten
C_1, C_2	Integrationskonstanten
c_q	durchschnittliche Qualitätskosten
d_0	Differenz einer Größe von ihrem Gleichgewichtswert im Zeitpunkt t_0
d_1	Differenz einer Größe von ihrem Gleichgewichtswert im Zeitpunkt t_1
E	Gesamterlös
I	Konsumenteneinkommen
K	Anzahl der möglichen Qualitätsvariationen an einem Produkt
k_i	eine der möglichen Qualitätsvariationen ($i = 1, 2, \ldots, K$)
p_i	Preis des Gutes x_i
P	Profit
N	Stock der Neuheitswerbung
q	Qualitätsparameter
v_i	ein Produktionsfaktor
U	Gesamtnutzen
U_i	Grenznutzen des Gutes x_i
U_{ij}	Ableitung von U_i nach x_j
X	Gesamtoutput, der Menge und Qualität berücksichtigt
x_i	ein Konsumgut
y_i	ein neues Konsumgut
ε_i	Preiselastizität der Nachfrage des Gutes x_i
ε_{iqj}	Elastizität der Nachfrage des Gutes x_i in bezug auf Qualitätsänderungen am Gute x_j
ε_{iI}	Einkommenselastizität des Gutes x_i
ε_{ij}	Kreuzpreiselastizität zwischen x_i und x_j
ε_{Uiqi}	Elastizität des Grenznutzens des Gutes x_i in bezug auf Veränderungen des Qualitätsparameters q_i
μ	Monopolgrad
π	Profitrate
σ_{ij}	Substitutionselastizität zwischen x_i und x_j
λ	Grenznutzen des Geldes
$\nu_1 = p_3 (\partial x_3/\partial q_3)$	Wertgrenzprodukt einer Qualitätsänderung
$\nu_2 = p_3 (\partial x_3/\partial p_2)$	Wertgrenzverlust bei einer Senkung von p_2
$\nu_3 = p_3 (\partial x_3/\partial p_1)$	Wertgrenzverlust bei einer Senkung von p_1
$\nu_4 = p_3 (\partial x_3/\partial q_2)$	Wertgrenzverlust bei einer Erhöhung von q_2

ERSTER TEIL

Grundbegriffe

Erstes Kapitel

Der produkttechnische Fortschritt und die Begriffe des differenzierten und des neuen Produkts

I. Die Abgrenzung des produkttechnischen Fortschritts

Eine moderne Definition des technischen Fortschritts im allgemeinen lautet[1]:

„1. *Anwendung neuer Produktionsverfahren, ...;*

2. *die Erzeugung und Durchsetzung neuer Produkte bzw. neuer Qualitäten von Produkten, die bisher unbekannt waren;* und

3. *die Anwendung neuer Produktionsverfahren zur Herstellung neuer Produkte.*"

Die Anwendung neuer Produktionsverfahren bezeichnen wir mit verfahrenstechnischem Fortschritt. Unter den produkttechnischen Fortschritt[2] fallen folglich die Erzeugung und Durchsetzung neuer Produkte und die Schaffung neuer Qualitäten von bestehenden Produkten. Diesen letzteren Vorgang nennen wir *Produktdifferenzierung.*

Der produkttechnische Fortschritt wurde bereits von *J. A. Schumpeter* als „Herstellung eines neuen, d. h. dem Konsumentenkreise noch nicht vertrauten Gutes oder einer neuen Qualität eines Gutes"[3] definiert.

Der Begriff des produkttechnischen Fortschritts bezieht sich nur auf *Konsumgüter,* da Veränderungen der Qualität von Kapitalgütern verfahrenstechnischen Fortschritt bedeuten.

---

[1] *F. H. Fleck*: Die Messung des technischen Fortschritts im Rahmen des gesamtwirtschaftlichen Wachstumsprozesses. Wien—New York 1966, S. 3.

[2] Der Begriff stammt von *K. Borchardt.* Vgl. hierzu: *K. Borchardt*: Die Veränderlichkeit der Konsumgüterstruktur in der wachsenden Wirtschaft. Schriften des Vereins für Socialpolitik, neue Folge, Bd. 34 (1965), S. 129.

[3] *J. A. Schumpeter*: Theorie der wirtschaftlichen Entwicklung. 2. Auflage, München und Leipzig 1926, S. 100.

II. Der Begriff des Konsumgutes

Als Güter im allgemeinen bezeichnet *A. Marshall* "... all desirable things, or things that satisfy human wants, ..."[4].

Da wir aber mit wirtschaftlichen Gütern arbeiten, müssen wir diese allgemeine Definition einschränken. Es sind nur „die *knappen* Güter ... Objekte des Wirtschaftens“[5].

Carl Menger unterscheidet weiter zwischen Produktions- und Konsumgütern. „... Güter, welche wir unmittelbar zur Befriedigung unserer Bedürfnisse heranzuziehen vermögen ..., werde ich ... *Güter erster Ordnung* nennen[6].“ Diese Güter entsprechen den Konsumgütern. Produktionsgüter sind dann die Güter höherer Ordnung, die zur Herstellung der Güter erster Ordnung benutzt werden[7].

Mit differenzierten und neuen Konsumgütern werden wir uns im folgenden befassen. Wir werden versuchen, diese Güter durch objektive und subjektive Merkmale von andern Konsumgütern zu unterscheiden. Zu diesem Zwecke teilen wir die Gesamtheit der Konsumgüter ein in *Standardgüter, differenzierte und neue Produkte.*

Es sei erwähnt, daß die Ausdrücke „Gut“ und „Produkt“ als Synonyme betrachtet werden.

III. Die quantitative Erfassung von Produkteigenschaften und die objektiven Begriffe des differenzierten und des neuen Produkts

1. Die Möglichkeiten der Messung von Produkteigenschaften

Es können nur *objektive* Eigenschaften von Gütern quantitativ erfaßt werden. Unser Begriff der objektiven Produkteigenschaften umfaßt materielle und immaterielle Eigenschaften. Wir nehmen mit *H. Theil* an, "that the qualitative nature of a quantity x_i of a commodity i ($i = 1, \ldots, n$) can be completely described by means of a vector $e_i = [e_{i1}, \cdots, e_{im}]_i$"[8].

---

[4] *A. Marshall*: Principles of Economics. 8. Auflage, London 1962 (1. Auflage 1890), S. 45.

[5] *H. v. Stackelberg*: Grundlagen der theoretischen Volkswirtschaftslehre. 2. Auflage, Tübingen—Zürich 1951, S. 3. (1. Auflage: Grundzüge der theoretischen Volkswirtschaftslehre, Stuttgart 1943)

[6] *C. Menger*: Grundsätze der Volkswirtschaftslehre. 2. Auflage, Leipzig 1923 (1. Auflage, Wien 1871), S. 21.

[7] Ebenda, S. 21 f.

[8] *H. Theil*: Qualities, Prices and Budget Enquiries. Review of Economic Studies, Bd. 19/20 (1951/52, 1952/53), S. 131.

Irma Adelman und *Z. Griliches* haben eine ähnliche Methode der Bestimmung von Produkteigenschaften für die Erfassung des Einflusses von Qualitätsänderungen auf Preisindices verwendet. Eine Preisänderung des Gutes i wurde folgendermaßen aufgespalten:

$$dp_i = dp_i' + \sum_j \frac{\partial p_i}{\partial \alpha_{ij}} d\alpha_{ij};$$

dp_i = gesamte Preisänderung, dp_i' = eigentliche Preisänderung; es handelt sich hier um eine Änderung des Produktpreises bei konstanter Produktqualität. $\partial p_i/\partial \alpha_{ij}$ = Koeffizient der Preisänderung eines Produktes i verursacht durch eine Änderung des Qualitätsmerkmales j dieses Produktes. $d\alpha_{ij}$ = Größe der Veränderung des Qualitätsmerkmales j dieses Produktes i. Die Summe über j ergibt schließlich den Einfluß sämtlicher Qualitätsänderungen auf den Preis[9].

H. Rieger bestätigt diese Annahmen: „Unter [objektiver] Qualität kann man zunächst die Beschaffenheit eines Gutes verstehen. In diesem Sinne ist die Qualität gleichzusetzen mit der Summe aller objektiven Eigenschaften, die einem Wettbewerbsobjekt zukommen[10].“ Er führt räumliche, physikalische und zeitliche Merkmale auf[11].

Die Werte von $e_{i1}, \ldots, e_{im}$ bezeichnen also die materiellen Produkteigenschaften, “the multitude of physical and chemical properties which characterize the product, ...”[12] und die immateriellen Eigenschaften, “surrounding [the] sale [of the product]”[13].

Diese Qualitätsdefinition stimmt überein mit derjenigen von *L. Abbott:* “The word quality will be used in its broadest sense, to describe any or all of the various qualitative characteristics of a physical product or service, or combination of the two, offered for sale. ... Quality is therefore a multidimensional variable ...[14].”

Wir nehmen an, daß jede Eigenschaft eines Gutes meßbar ist. Zwei Möglichkeiten der Messung stehen hierbei zur Verfügung, eine direkte und eine indirekte.

---

[9] Vgl. hierzu: *I. Adelman* und *Z. Griliches*: On an Index of Quality Change. Journal of the American Statistical Association, Bd. 56 (1961), S. 539.

[10] *H. Rieger*: Der Güterbegriff in der Theorie des Qualitätswettbewerbs. Berlin 1962, S. 70.

[11] Ebenda, S. 70.

[12] *H. Brems*: The Interdependence of Quality Variations, Selling Effort and Price. Quarterly Journal of Economics, Bd. 62 (1948), S. 418.

[13] *E. H. Chamberlin*: The Theory of Monopolistic Competition. 8. Auflage, Cambridge 1962 (1. Auflage 1933), S. 56.

[14] *L. Abbott:* Vertical Equilibrium under Pure Quality Competition. American Economic Review, Bd. 43 (1953), S. 827.

Bei der direkten Methode können einige Werte e_{im} unmittelbar aufgrund der Produkteigenschaften bestimmt werden. Es handelt sich hier um quantitative Eigenschaften, wie Größe, Gewicht usw. Auch bei einigen qualitativen Eigenschaften besteht die direkte Möglichkeit der Messung: "Sometimes qualitative elements can be reduced to quantitative ones, e. g. the qualitative notion of colour may be transformed to quantitative criteria by its position in the colour triangle[15]."

Ist eine Eigenschaft nicht unmittelbar quantifizierbar, so kann sie in indirekter Weise aufgrund ihrer Produktionskoeffizienten[16] bestimmt werden: Irgend ein Konsumgut X_j des Produktionsbereiches j ($j = 1, \ldots, n$) wird durch seine Produktionskoeffizienten a_{ij} gekennzeichnet. "a_{ij} [is] the number of physical units of the product of the industry i absorbed by unit of product of a firm in industry j[17]." *H. Brems* bezeichnet die verschiedenen a_{ij} ($i = 1, 2, \ldots, m$) als "input coefficients"[18]. Es ergibt sich damit zwischen Input und Output die Beziehung[19]:

$$x_{ij} = a_{ij} X_j,$$

wobei x_{ij} den jährlichen Input des i-ten Produktionsgutes, das für die Produktion von X_j eingesetzt wird, darstellt.

Nicht direkt meßbare materielle und vor allem immaterielle Produkteigenschaften werden also mit Hilfe ihrer Produktionskoeffizienten bestimmt. Z. B. sind durch Werbung erzeugte immaterielle Eigenschaften eines Gutes durch die Art der Werbung und die Höhe der Werbeausgaben gekennzeichnet. Dies entspricht einer Feststellung von *H. Brems*: "... we are free to let a_{ij} [Produktionskoeffizienten] represent quality and selling effort[20]."

2. Die objektiven Begriffe des differenzierten und des neuen Produkts

a) Grund- und Nebeneigenschaften eines Produkts

Wir unterteilen die Eigenschaften eines Gutes x_i, die wir mit $e_{i1}, \ldots, e_{im}$ bezeichnet haben, in Grund- und Nebeneigenschaften. Die Grundeigenschaften bezeichnen die wesentlichen Merkmale eines wirtschaftlichen

---

15 *H. Theil*, a. a. O., S. 132.

16 Dieser Begriff, den wir weiterhin verwenden wollen, wird von *K. Borchardt* anstelle von „Inputkoeffizienten" verwendet. Vgl. *K. Borchardt*, a. a. O., S. 115.

17 *H. Brems*: Input-Output Coefficients as Measures of Product Quality. American Economic Review, Bd. 47 (1957), S. 107.

18 Ebenda, S. 106.

19 Ebenda, S. 107.

20 Ebenda, S. 106.

Gutes. Die Nebeneigenschaften dagegen beziehen sich auf die nichtwesentlichen Merkmale[21].

Diese allgemeinste Art der Kennzeichnung wirtschaftlicher Güter muß bedeutend enger gefaßt werden, um *ökonomisch verwendbar* zu sein. Wir erläutern dies an einem Beispiel.

Ganz allgemein würden unter den Begriff Automobil sämtliche Automobile vom Formel 1-Rennwagen bis zum kleinsten Kleinwagen fallen. Damit dieser Begriff ökonomisch verwendbar wird, müssen wir zumindest folgende Unterscheidung machen:

	Rennwagen	Sportwagen	Personenwagen	Lastwagen
Großer Hubraum	x_1	x_4	x_7	x_{10}
mittlerer Hubraum	x_2	x_5	x_8	x_{11}
kleiner Hubraum	x_3	x_6	x_9	x_{12}

Damit ergeben sich bereits zwölf verschiedene Produkte $x_1, \ldots, x_{12}$. Weiterhin würden wir Unterschiede für sämtliche Automobilmarken zu berücksichtigen haben. Stellen wir zwei Mittelklassewagen x_8 einander gegenüber, z. B. den Volkswagen 1600 und den Renault 16. Beide werden von eventuellen Käufern als zwei verschiedene Produkte betrachtet werden. Wir können noch einen Schritt weitergehen. Zwei in ihren objektiven Merkmalen identische Produkte werden mit Bestimmtheit von jedem der verschiedenen Käufer in bezug auf die Bedürfnisbefriedigung unterschiedlich bewertet.

H. Rieger spricht in diesem Zusammenhang von Eignungswert: „Eignungswert ist deshalb subjektive Qualität, weil ein Gut trotz gleicher objektiver Qualität bei den einzelnen Wettbewerbssubjekten einmal zur

21 Die Unterscheidung von wesentlichen und nichtwesentlichen Eigenschaften stammt aus der Philosophie. *Aristoteles* unterscheidet für jedes Ding Wesenheit und Akzidens:

„Es ergibt sich also, daß man Wesenheit in zwei Bedeutungen gebraucht, einmal als das letzte Substrat, das nicht weiter von einem andern ausgesagt wird, dann als dasjenige, welches ein bestimmtes Seiendes und selbständig ist; solcherlei aber ist eines jeden Dinges Gestalt ... und Form ...“

(Fünftes Buch, 9, S. 106)

„Akzidens nennt man dasjenige, was sich zwar an etwas findet und mit Wahrheit von ihm ausgesagt werden kann, aber weder notwendig noch in den meisten Fällen sich findet ...“

(Fünftes Buch, 30, S. 128)

„Indem also das, was existiert, etwas und an etwas, und manches davon auch irgendwo und irgendwann ist, so wird Akzidens heißen, was zwar existiert, aber nicht deshalb existiert, weil dies bestimmt war oder jetzt oder hier ist.“

(Fünftes Buch, 30, S. 129)

Aristoteles: Metaphysik. Übersetzt von *Hermann Bonitz*, Rowohlts Klassiker der Literatur und der Wissenschaft, Bd. 10, 1966.

Befriedigung thematisch unterschiedlicher Bedürfnisse verwendet wird, zum andern aber die Eignung selbst bei antriebsthematisch gleichen Bedürfnissen in unterschiedlicher Weise subjektiv beurteilt wird[22]."

Es stellen sich nun folgende Fragen: Wann sind überhaupt zwei Güter im wirtschaftlichen Sinn als identisch zu betrachten? Wann werden sie als verschiedene Güter bezeichnet?

Wir werden versuchen, diese Fragen im nächsten Abschnitt über die Vergleichbarkeit der Güter im wirtschaftlichen Sinne zu beantworten. Vorerst wenden wir uns der objektiven Definition des Gutes zu.

b) Standardgüter

Jedes Standardgut $\bar{x}$ enthalte Grund- und Nebeneigenschaften in ihrer einfachst möglichen Ausführung. Anhand der objektiven Produkteigenschaften soll jedem Merkmal e_{im} eines Standardgutes ein Wert eins zugeordnet werden.

Die Grundeigenschaften sind mit einem Vektor $a = [a_1, a_2, \ldots, a_i, \ldots, a_m]$, die Nebeneigenschaften mit einem Vektor $b = [b_1, b_2, \ldots, b_j, \ldots, b_n]$ bezeichnet.

Für irgendein Standardgut ergibt sich:

$$\bar{q} = q\,(a, b), \tag{1.1}$$

wobei $\bar{q}$ die objektiven Qualitätseigenschaften irgend eines Gutes $\bar{x}$ darstellt und $a_i = 1$ und $b_j = 1$ für alle i und j sind. Die Funktion q gibt dabei über die Anzahl und die Anordnung der einzelnen Vektorkomponenten Auskunft. Sie will besagen, daß die Qualität q mehr ist als nur die Summe der Vektorkomponenten von a und b.

c) Differenzierte Produkte

E. H. Chamberlin hat als erster die Produktdifferentiation im Rahmen der ökonomischen Werttheorie ausführlich beschrieben[23]. Nach ihm ist ein Produkt differenziert, "if any significant basis exists for distinguishing the goods (or services) of one seller from those of another. . . . Differ-

---

22 *H. Rieger*, a. a. O., S. 72.

23 *E. H. Chamberlin*, a. a. O., S. 56 ff.

entiation may be based upon certain characteristics of the product itself, such as exclusive patented features; trade marks; trade names; peculiarities of the package or container, if any; or singularity in quality, design, color, or style. It may also exist with respect to the conditions surrounding its sale. ..., these conditions include such factors as the convenience of the seller's location, the general tone or character of his establishment, his way of doing business, his reputation for fair dealing, courtesy, efficiency, ...[24]."

Nach unserem Vorgehen wird ein Standardgut zu einem differenzierten Produkt, wenn Veränderungen in den *Nebeneigenschaften* dieses Gutes vorgenommen werden. Aufgrund irgendeiner Qualitätsvariation entstehen b-Werte, die größer als eins sind. Es ist aber auch möglich, daß sich die Anzahl der Nebeneigenschaften verändert. Ferner muß in Betracht gezogen werden, daß bei einem einmal differenzierten Produkt die b-Werte wiederum kleiner werden. Dies würde eine Qualitätsverschlechterung bedeuten.

Bevor wir nun die objektive Definition des differenzierten Produktes geben können, muß der Begriff der Qualitätsvariation geklärt und die mögliche Anzahl solcher Variationen festgestellt werden.

Weist ein Gut n Nebeneigenschaften auf, dann können $j = 1, 2, \ldots, n$ Eigenschaften verändert werden. Diese j Eigenschaften werden entsprechend dem Zweck der durchzuführenden Qualitätsvariation aus der Menge n gewählt. Für jedes j ergeben sich $K_n^{(j)}$ mögliche Kombinationen, deren Anzahl durch

$$K_n^{(j)} = \frac{n!}{j!\,(n-j)!} \tag{1.2}$$

bestimmt wird[25].

Die Summe über j ergibt die Anzahl aller möglichen Qualitätsvariationen K[26]:

$$K = \sum_{j=1}^{n} K_n^{(j)}. \tag{1.3}$$

---

[24] Ebenda, S. 56.

[25] Vgl. zu dieser Formel: *H. v. Mangoldt* und *K. Knopp*: Einführung in die höhere Mathematik. Bd. 1, Stuttgart 1967, S. 29.

[26] Ein ähnliches Konzept für die Bestimmung der Zahl der möglichen Qualitätsvariationen wird von H. Brems verwendet. Vgl. hierzu: *H. Brems*: Product Equilibrium under Monopolistic Competition. Cambridge (Mass.) 1951, S. 75 und 113.

Mit k_i bezeichnen wir eine der K möglichen Variationen. Natürlich sind nur ein kleiner Teil dieser K möglichen Qualitätsvariationen ökonomisch sinnvoll.

Es wird angenommen, daß jede Qualitätsvariation in stetiger Weise durchgeführt werden kann. Die Qualität wird damit als eine kontinuierliche Variable betrachtet [27].

Unter Beachtung der bisherigen Ausführungen können wir die Differenzierung eines Standardgutes folgendermaßen schreiben:

$$dq = \frac{\partial q}{\partial b} \, db. \tag{1.4}$$

db gibt die Intensität einer durch $\partial q / \partial b$ genau definierten Variationsmöglichkeit k_i an. Da die Veränderung von b auf der Veränderung der einzelnen Komponenten von b beruht, ergibt sich für db:

$$db = [db_1, db_2, \cdots, db_n]. \tag{1.5}$$

Ausdruck (1.5) in (1.4) eingesetzt, ergibt die folgende Beziehung:

$$dq = \frac{\partial q}{\partial b} [db_1, db_2, \cdots, db_n]. \tag{1.6}$$

Damit ist jede der K möglichen Arten der Differenzierung eines Produktes durch die Veränderung der einzelnen Vektorkomponenten bestimmt.

Für die qualitativen Eigenschaften eines differenzierten Produktes als k_i-te Variation eines Standardgutes kann nun geschrieben werden:

$$q = q(a, b). \tag{1.7}$$

$$b_j > 1 \text{ für } 1 \leq j \leq n', \text{ wobei } n \gtreqless n'.$$

---

[27] Von den meisten Autoren, die sich mit dem Problem der Qualität befassen, wird die Möglichkeit kontinuierlicher Qualitätsveränderungen vereinfachenderweise angenommen. Vgl. z. B.: *H. Theil*, a. a. O., S. 132.
H. S. Houthakker: Compensated Changes in Quantities and Qualities Consumed. Review of Economic Studies, Bd. 19/20 (1951/52, 1952/53), S. 156.
H. Brems: Input-Output Coefficients . . ., a. a. O., S. 107.

d) Neue Produkte

Ein neues Produkt entsteht durch Änderungen in den *Grundeigenschaften* eines anderen Produkts. Die Änderungsmöglichkeiten sind in Analogie zu Gleichung (1.2) folgendermaßen bestimmt:

(1.8) $$K'^{(i)}_m = \frac{m!}{i!\,(m-i)!}$$

für ein i und

(1.9) $$K' = \sum_{i=1}^{m} K'^{(i)}_m$$

für alle i.

Gleichzeitig mit den Grundeigenschaften können sich auch die Nebeneigenschaften ändern. Auch bei einem neuen Produkt ist es möglich, daß die Anzahl der Grund- und Nebeneigenschaften größer oder kleiner wird oder aber gleich bleibt.

Der Ausdruck für diese Veränderungen ist der folgende:

(1.10) $$dq = \frac{\partial q}{\partial a}\,da + \frac{\partial q}{\partial b}\,db.$$

$\partial q/\partial a$ und $\partial q/\partial b$ sind durch die Variationsmöglichkeit k_i bestimmt. Für db gilt wiederum der Ausdruck (1.5), währenddem für da

(1.11) $$da = [\,da_1,\ da_2, \cdots,\ da_m]$$

geschrieben werden kann.

Durch die in Beziehung (1.10) dargestellte Veränderung von Grund- und Nebeneigenschaften wird das Gut x zu einem neuen Gut y. Die neuen Produkte können in Standardausführung eingeführt werden, was durch

(1.12) $$\bar{q}_y = q\,(a, b)$$

für irgendein neues Produkt ausgedrückt würde, wobei $a_i = 1$ für alle i und $b_j = 1$ für alle j.

Qualitätsvariationen dieses neuen Produkts sind ebenfalls in K Formen möglich. Die k_i-te Variation eines neuen Produkts wird dargestellt durch

(1.13) $$q_y = q\,(a, b),$$

wobei $b_j > 1$ für $1 \leq j \leq n'$ und $n \gtreqqless n'$.

IV. Die Frage der Vergleichbarkeit wirtschaftlicher Güter und die subjektiven Definitionen differenzierter und neuer Produkte

1. Das Problem der Vergleichbarkeit wirtschaftlicher Güter

Ein Kennzeichen der vollkommenen Konkurrenz ist die „Homogenität des gehandelten Gutes“[28]. Wirtschaftliche Güter sind bei dieser Art von Konkurrenz identisch, wenn die soeben beschriebenen objektiven Merkmale übereinstimmen.

Wenn wir aber auf dem Markt differenzierte und neue Produkte zulassen, müssen wir die Voraussetzung der vollkommenen Konkurrenz aufgeben und monopolistische Konkurrenz annehmen. *E. H. Chamberlin* kennzeichnet diese letztere Art von Konkurrenz folgendermaßen: "In the first place, there may be one, few, or many selling the identical product in the identical market. ... In the second place, sellers may be offering identical, slightly different, or very different products[29]."

A. P. Lerner folgert aus den Bedingungen der monopolistischen Konkurrenz für den Güterbegriff folgendes: *„Indem wir die gleiche Sache an verschiedenen Orten als verschiedene Güter bezeichnet haben, haben wir das Kriterium der physischen Gleichheit als Basis für die Kennzeichnung oder Klassifizierung von Gütern abgelehnt und an seine Stelle das Prinzip der Substituierbarkeit an der Grenze gesetzt*[30].“

Die Annahme der *Lernerschen* Hypothese bewirkt nach *J. Drewnowski* die Unmöglichkeit einer allgemeingültigen Definition eines Gutes, da jedes Wirtschaftssubjekt seine eigene hat: "Such a state of things is a necessary consequence of accepting the new basis for the classification of commodities and may be called the *principle of the non-uniform definitions*[31]."

Jegliche allgemeine Definition scheint nun unmöglich. Dieses Dilemma kann nur dadurch überwunden werden, indem in bezug auf ihre Güterdefinitionen möglichst homogene Gruppen von Wirtschaftssubjekten ge-

---

[28] *H. C. Recktenwald*: Zur Lehre von den Marktformen. In: Preistheorie, Herausgeber: A. E. Ott, Köln—Berlin 1965, S. 68. Original: Weltwirtschaftliches Archiv, Bd. 67 (1951), S. 298—326.

[29] *E. H. Chamberlin*, a. a. O., S. 8, Fußnote 1.

[30] *A. P. Lerner*: Der Begriff des Monopols und die Bestimmung der Monopolmacht. In: Preistheorie, Herausgeber: A. E. Ott, Köln—Berlin 1965, S. 235.

Original: The Concept of Monopoly and the Measurement of Monopoly Power. The Review of Economic Studies, Bd. 1 (1933/34), S. 157—175.

[31] *J. Drewnowski*: The Classification of Commodities and the Problem of Competition and Monopoly. Studja Ekonomiczne, Bd. 41, Krakau 1935, S. 45.

bildet werden. Gesamtwirtschaftlich gesehen können nun zwei große Gruppen gebildet werden, die Konsumenten und die Unternehmer. Dies aus folgenden Gründen: "The consumer tends to the maximalizing of utility. Therefore for him the definition of a commodity will depend upon utility. The enterpreneur tends to the maximalizing of profit, and as a result perfect substitutes, or in other words, one commodity, will be for him such objects whose purchase or sale will permit him to expect equal profit[32]."

Wir legen die Hypothesen *Lerners* und *Drewnowskis* unseren weiteren Ausführungen zugrunde. Ein Gut ist also für die Unternehmer oder die Konsumenten dann identisch mit einem anderen, wenn dieses vollkommen durch jenes substituiert werden kann. Für den Konsumenten ist der Nutzeffekt eines Gutes die Beziehungsgröße, für den Unternehmer dagegen der erzielbare Profit.

Die Bedingung für die Identität zweier Produkte x_1 und x_2 für Konsumenten und Produzenten kann durch zwei Substitutionselastizitäten[33] ausgedrückt werden.

Die Substitutionselastizität zweier identischer Güter ist für jeden Konsumenten unendlich groß, gemäß

$$\sigma_{12} = \frac{d(x_1/x_2)}{x_1/x_2} : \frac{d(p_1/p_2)}{p_1/p_2} = \infty, \tag{1.14}$$

wobei p_1 und p_2 die entsprechenden Produktpreise bedeuten.

---

32 Ebenda, S. 47.

33 Die Definition der Substitutionselastizität geht zurück auf *J. R. Hicks*, der diese Elastizität einführte, um die Veränderung der Faktorintensität bei Preisänderungen der Produktionsfaktoren zu erfassen. *J. R. Hicks*: The Theory of Wages. 2. Auflage, London 1963 (1. Auflage 1932), S. 373—383.

Die Substitutionselastizität für zwei Konsumgüter wurde von *J. R. Hicks* und *R. G. D. Allen* entwickelt:

$$\sigma = \frac{\mathrm{d}(x/y)}{x/y} \Big/ \frac{\mathrm{d}R_x^y}{R_x^y}$$

x und y sind zwei Konsumgüter und R_x^y entspricht der Grenzrate der Substitution von x in bezug auf y, $-dx/dy$. Vgl. hierzu: *J. R. Hicks* und *R. G. D. Allen*: Eine erneute Betrachtung der Werttheorie. In: Preistheorie, Herausgeber: A. E. Ott, Köln—Berlin 1965, S. 140.

Original: A Reconsideration of the Theory of Value. Economica, ns, Bd. 1 (1934), Teil I, S. 52—76, Teil II, S. 196—219. Die Substitutionselastizität in der Form von (1.14) ist aufgeführt in: *S. Wu* und *J. A. Pontney:* An Introduction to Modern Demand Theory. New York 1963, S. 183.

Vom Unternehmer aus gesehen, müssen identische Güter die gleiche Profitrate aufweisen. Wenn z. B. bei Parallelproduktion zwei Güter dieselbe Profitrate aufweisen, wird der Unternehmer bei der geringsten Verschiebung der Profitrate zugunsten des einen Gutes die Produktion des andern sofort einstellen. Anhand einer Substitutionselastizität läßt sich diese Tatsache folgendermaßen ausdrücken:

$$\sigma_{12} = \frac{d(x_1/x_2)}{x_1/x_2} : \frac{d(\pi_1/\pi_2)}{\pi_1/\pi_2} = \infty . \tag{1.15}$$

π drückt die Profitrate P/K aus. P = Profit und K = eingesetzes Realkapital.

2. Die subjektiven Definitionen des differenzierten und des neuen Produkts

a) Differenzierte Produkte und abgeleitete neue Produkte

Es stellt sich nun ein wichtiges Problem: das des Unterschiedes zwischen einem differenzierten und einem neuen Produkt unter subjektiven Bedingungen.

Wird ein Markt mit vollkommener Konkurrenz und damit Homogenität des entsprechenden Gutes angenommen, ist die Lösung des Problems einfach: Jede auch noch so kleine Veränderung des Gutes in irgend einem Sinne ergibt ein neues Produkt. Qualitätsänderungen führen also unmittelbar zu neuen Produkten. Um bei der von uns vorausgesetzten monopolistischen Konkurrenz mit ihrem weitergefaßten Güterbegriff die Unterscheidung zwischen differenzierten und neuen Produkten treffen zu können, diene der folgende Gedankengang:

Wir nehmen an, daß für jede der K möglichen Qualitätsvariationen die entsprechenden Nachfrageänderungen bekannt seien. Wir bezeichneten irgendeine Veränderung der Nebeneigenschaften eines Gutes x_i mit

$$dq = \frac{\partial q}{\partial b} db = \frac{\partial q}{\partial b} [db_1, db_2, \cdots, db_n] . \tag{1.6}$$

Die entsprechende Nachfrageänderung bei Durchführung der obigen Qualitätsvariation sei dx_i. Es läßt sich dann folgende Elastizitätsbeziehung aufstellen[34]:

$$\varepsilon_{iqi} = \frac{dx_i}{x_i} : \frac{dq_i}{q_i} = \frac{d(\log x_i)}{d(\log q_i)} . \tag{1.16}$$

---

[34] Zur Frage der Definition von Elastizitäten vgl.: *R. G. D. Allen:* Mathematical Analysis for Economists. London 1962, S. 251 ff.

Diese Elastizität der Nachfrage in Bezug auf Qualitätsänderungen wurde bereits von *H. Brems* implizit definiert: " 'quality improvement' might be defined as any quality variation which, ceteris paribus, increases quantity sold[35]." *R. Dorfman* und *P. O. Steiner* geben die folgende Definition der "elasticity of demand with respect to quality variation ...:

$$\eta_c = \frac{c}{q} \cdot \frac{\partial f / \partial x}{\partial c / \partial x}.$$

This formula gives simply the ratio of the percentage change in demand to the percentage change in average cost, both induced by a small change in quality"[36].

c = Durchschnittskosten, q = abgesetzte Menge und x = Qualitätsindex.

Da nun die Unternehmung ihre Nachfragekurve aufgrund von Stichproben (irgendwelchen Marktforschungsverfahren) aus dem Universum der potentiellen Nachfrage bestimmt, ist ε_{iqi}[37] eine Zufallsvariable mit dem wahren Mittelwert des Universums $\bar{\varepsilon}_{iqi}$[38] und der Streuung:

$$\sigma_{iqi} = E(\varepsilon_{iqi} - \bar{\varepsilon}_{iqi})^2 \text{ [39]}. \tag{1.17}$$

Legen wir eine Bedeutungsschwelle von z. B. 99,7 %[40] zugrunde, muß der Wert von ε_{iqi} innerhalb der zufallsbedingten Grenzen des Konfidenzintervalls[41]

$$\bar{\varepsilon}_{iqi} - 3\,\sigma_{iqi} \leqq \varepsilon_{iqi} \leqq \bar{\varepsilon}_{iqi} + 3\,\sigma_{iqi} \tag{1.18}$$

liegen.

---

[35] *H. Brems*: The Interdependence ..., a. a. O., S. 435, Fußnote 9.

[36] *R. Dorfman* und *P. O. Steiner*: Optimal Advertising and Optimal Quality. American Economic Review, Bd. 44 (1954), S. 833.

[37] ε_{iqi} ist ein Mittelwert, der sich aus einer von der Unternehmung durchgeführten Stichprobe ergibt.

[38] Dieser Wert ist unbekannt und muß geschätzt werden. Dies ist möglich aufgrund von mehreren Stichproben oder aufgrund von Erfahrungswerten, die eine Unternehmung aus früheren Untersuchungen besitzt. $\bar{\varepsilon}_{iqi}$ ist der Mittelwert aller möglichen Mittelwerte.

[39] Vgl. für diese Schreibweise: *A. Goldberger*: Econometric Theory. 2. Auflage, New York 1965 (1. Auflage 1964), S. 82.

[40] Dieser Wert ergibt sich bei der Wahl eines Konfidenzintervalls von $\bar{\varepsilon}_{iqi} \pm 3\,\sigma_{iqi}$. Vgl. hierzu: *H. Kellerer*: Theorie und Technik des Stichprobenverfahrens. Einzelschriften der Deutschen Statistischen Gesellschaft, 3. Auflage, München 1963, S. 34.

[41] Vgl. für die Definition des Konfidenzintervalls: *A. Goldberger*, a. a. O., S. 136.

Fällt nun der Wert von ε_{iqi} außerhalb der von (1.18) bezeichneten Grenzen, dann kann die Abweichung von ε_{iqi} vom Mittelwert $\bar{\varepsilon}_{iqi}$ nicht mehr zufallsbedingt sein.

Es ist nun ein Effekt zu erklären, der bewirkt, daß

$$\bar{\varepsilon}_{iqi} + 3\,\sigma_{iqi} < \varepsilon_{iqi} \tag{1.19}$$

oder

$$\bar{\varepsilon}_{iqi} - 3\,\sigma_{iqi} > \varepsilon_{iqi} \tag{1.20}$$

ist.

Treffen wir die Annahme, daß nur Qualitätsverbesserungen vorgenommen werden und daß bei besserer Qualität die Nachfrage immer zunehme, ist Ungleichung (1.20) unmöglich. Der folgende Effekt diene nun zur Erklärung der Ungleichung (1.19):

Bei zunehmender Qualitätsverbesserung eines Gutes erreicht dieses einen kritischen Wert in seiner qualitativen Beschaffenheit, bei dem eine signifikante Mehrnachfrage auftritt. Den diese Mehrnachfrage bewirkenden Effekt bezeichnen wir als *Neuheitseffekt* eines Produktes. Beim eben genannten kritischen Qualitätswert wird also das entsprechende Gut als ein *abgeleitetes neues Produkt* betrachtet.

Zwei Begriffe sind nun zu klären: der kritische Qualitätswert und der Neuheitseffekt.

Der kritische qualitative Wert ist eine Variante von *W. Krelles* Schwellenwert der Fühlbarkeit, der für eine Unternehmung folgendermaßen definiert wird: „Wir nennen eine Veränderung für eine Firma für *fühlbar,* wenn sie einen bestimmten Schwellenwert überschreitet, so daß sie bei der Genauigkeit, mit der die Firma kalkuliert, ein Objekt der Überlegung der Geschäftsleitung wird[42].“ *Krelle* sagt ausdrücklich, daß dieser Schwellenwert der Fühlbarkeit einer Veränderung nicht nur für irgendeine Firma, sondern „allgemein für eine Wirtschaftsperson“[43] anwendbar sei.

Für unseren Fall können wir festhalten, daß die Nachfrager nach einem bestimmten Produkt Qualitätsveränderungen dieses Gutes ständig registrieren. Beim kritischen Punkt finden sie diese Veränderungen so bedeutend, daß sie das entsprechende Gut als ein neues Produkt betrachten. Ein Beispiel für ein solches abgeleitetes neues Produkt ist der Farbfernsehempfänger. Am üblichen Schwarz-Weiß-Gerät wurden viele kleinere qualitative Veränderungen vorgenommen, ohne daß dieses als

---

[42] *W. Krelle*: Preistheorie. Tübingen—Zürich 1961, S. 12.

[43] Ebenda, S. 12, Fußnote 2.

ein neues Produkt betrachtet wurde. Die Möglichkeit, farbige Bilder zu empfangen, hat dagegen ein neues Produkt geschaffen.

Der Neuheitseffekt kann folgenderweise erklärt werden: Bei gleichbleibendem Preis steigt auf Grund der Neuheit des Produktes und eines "self-generating shift in preferences"[44] die Nachfrage. Dieser Anstieg der Nachfrage ist hauptsächlich durch psychologische Faktoren erklärbar.

Erstens durch den Demonstrationseffekt: "People believe that the consumption of high quality goods for any purpose is desirable and important. If they habitually use one set of goods, they can be made dissatisfied with them by a demonstration of superiority of others[45]."

Zweitens durch den Mitläufer-Effekt: „Mit dem Mitläufer-Effekt bezeichnen wir das Ausmaß, in dem die Nachfrage nach einem Gut durch die Tatsache *gesteigert* wird, daß auch andere Leute das gleiche Gut konsumieren[46]."

Auf die neuen Produkte bezogen heißt das, daß einzelne Konsumenten, die einer gewissen sozialen Schicht angehören, den übrigen Konsumenten, die etwa denselben Status aufweisen, ihre Überlegenheit dadurch demonstrieren, indem sie das neue Produkt kaufen (Demonstrationseffekt). Diese letzteren erstehen sich nun das besagte neue Produkt, um zu beweisen, daß auch sie sich dieses Gut leisten können (Mitläufer-Effekt).

Drittens durch den Neuheitseffekt im eigentlichen Sinn: "... it may be an aesthetic superiority [of one good over another] or superiority with respect to some criterion such as newness of design[47]." Ein Gut wird damit nur auf Grund seiner Neuheit einem andern vorgezogen.

Viertens durch den Snob-Effekt: „Mit dem Snob-Effekt meinen wir das Ausmaß in dem die Nachfrage nach einem Konsumgut infolge der Tatsache *abnimmt,* daß auch andere das gleiche Gut konsumieren (bzw. ihren Konsum dieses Gutes steigern). Darin drückt sich das Streben nach Exklusivität aus, das Streben, anders zu sein, mit der ‚großen Masse' nichts zu tun zu haben[48]."

---

44 *J. S. Duesenberry:* Income, Saving and the Theory of Consumer Behavior. 3. Auflage, Cambridge (Mass.) 1959 (1. Auflage 1949), S. 105.

45 Ebenda, S. 27.

46 *H. Leibenstein:* Mitläufer-, Snob- und Veblen-Effekte in der Theorie der Konsumentennachfrage. In: Konsum und Nachfrage, Herausgeber: Erich und Monika Streissler, Köln—Berlin 1966, S. 236.
Original: Bandwagon, Snob and Veblen Effects in the Theory of Consumers' Demand. Quarterly Journal of Economics, Bd. 64 (1950), S. 183—207.

47 *J. S. Duesenberry,* a. a. O., S. 20.

48 *H. Leibenstein,* a. a. O., S. 236.

Fünftens durch den *Veblen*-Effekt: „Unter Veblen-Effekt verstehen wir die Erscheinung des auffälligen Konsums, also das Ausmaß, in dem die Nachfrage nach einem Konsumgut zunimmt, weil es mehr anstatt weniger kostet[49].“ *T. Veblen* spricht von “Conspicuous Consumption”[50] und beschreibt diese Art von Konsum folgendermaßen: “... the human proclivity to emulation has seized upon the consumption of goods as a means to an invidious comparison, and has thereby invested consumable goods with a secondary utility as evidence of relative ability to pay. This indirect or secondary use of consumable goods lends a honorific character to consumption, and presently also to the goods which best serve this emulative end of consumption. The consumption of expensive goods is meritorious, and the goods which contain an appreciable element of cost in excess of what goes to give them serviceability for their ostensible mechanical purpose are honorific[51].”

Es stellt sich nun die Frage nach der zeitlichen Abfolge dieser verschiedenen, den Neuheitseffekt bewirkenden Effekte. Sehr wahrscheinlich wird der Preis eines neuen Produktes zu Beginn, d. h. bei seiner Einführung, sehr hoch sein. Snob- und *Veblen*-Effekte, sowie die Neuheit des Gutes (Neuheitseffekt im eigentlichen Sinne) werden die Mehrnachfrage verursachen. Mit sinkendem Preis werden die beiden ersteren Effekte abklingen und durch den Demonstrations- und den Mitläufer-Effekt ersetzt werden, da das Gut in den mittleren und unteren Einkommensschichten Eingang findet. Mit der Annäherung der abgesetzten Menge des neuen Produkts an seine Sättigungsmenge verlieren auch die beiden letztgenannten Effekte, sowie der Neuheitseffekt im eigentlichen Sinne ihre Wirkung. Das ursprünglich neue Produkt ist damit zu einem bestehenden (alten) Konsumgut geworden.

Die Wirkungsweise des Neuheitseffektes ist graphisch in Darstellung 1 erklärt.

Bei $log\ q = 0$ ist das betrachtete Konsumgut ein Standardprodukt $\bar{x}$. Mit wachsendem q wird dieses Gut zu einem differenzierten Produkt x. Mit dem Erreichen des kritischen Punktes, der Neuheitsschwelle, verändert sich die Elastizität der Nachfrage in bezug auf Qualitätsänderungen in signifikanter Weise. Daraus kann geschlossen werden, daß das Gut x zu einem neuen Standardprodukt $\bar{y}$ geworden ist, das nun seinerseits weiter differenziert werden kann und damit zu y wird.

---

[49] Ebenda, S. 236.

[50] *T. Veblen*: The Theory of the Leisure Class. 2. Auflage, London 1949 (1. Auflage 1925), S. 68 ff.

[51] Ebenda, S. 154 f.

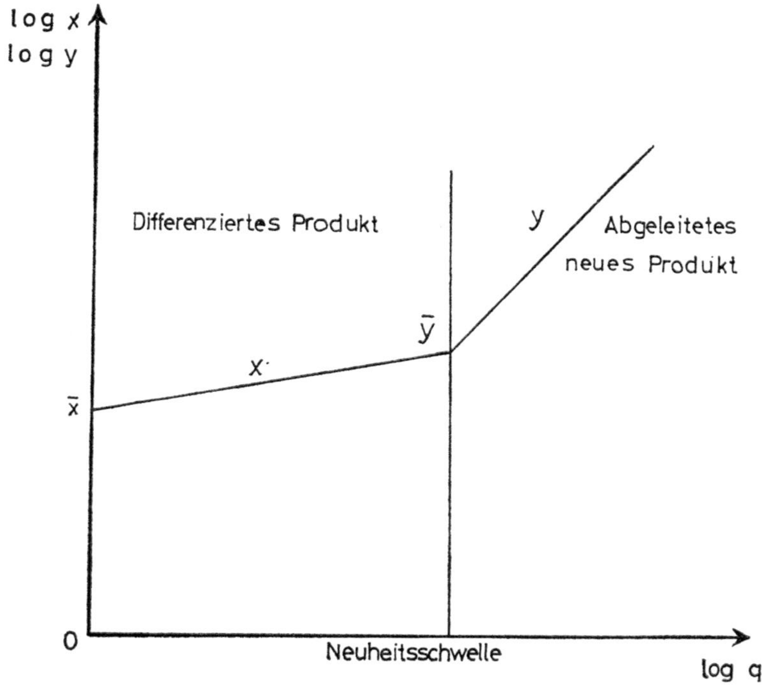

Abb. 1

Ein Beispiel für ein abgeleitetes neues Produkt ist das folgende: Der Volkswagen 1200 ist ein Standardprodukt, währenddem die Modelle 1300 und 1500 als Qualitätsvariationen betrachtet werden können. Dagegen ist der 1500-Automatic, der immer noch die Käferform aufweist, aufgrund seiner automatischen Kupplung ein abgeleitetes neues Produkt.

Zusammenfassend können wir sagen, daß differenzierte Produkte und abgeleitete neue Produkte durch eine subjektive Neuheitsschwelle getrennt sind. D. h., daß einzig die Konsumenten bestimmen, ob nach Vornahme von Qualitätsänderungen an einem Gut ein differenziertes oder ein neues Produkt vorliegt.

b) Neue Produkte im eigentlichen Sinn

Die meisten neuen Produkte werden aber nicht in der beschriebenen Weise aus bestehenden Gütern abgeleitet. Neue Produkte werden im allgemeinen mehr oder weniger unabhängig von bestehenden ähnlichen Produkten innerbetrieblich entwickelt. Wir nennen diese Art von neuen Produkten *neue Produkte im eigentlichen Sinn.*

Das im vorigen Abschnitt a) gesagte gilt nicht in gleicher Weise für die neuen Produkte im eigentlichen Sinn. Um eine signifikante Abweichung der Elastizität der Nachfrage in bezug auf Qualitätsänderungen beweisen zu können, müssen wir die Nachfrageentwicklung dieses neuen Produktes mit der Entwicklung eines typischen Gutes desselben Produktionsbereiches vergleichen. Um die bestmögliche Annäherung zu erhalten, müssen das neue Produkt y und das Vergleichsgut x in engstmöglicher Beziehung stehen. Diese ist gegeben durch

$$\sigma_{xy} = \frac{d(x/y)}{x/y} : \frac{d(p_x/p_y)}{p_x/p_y} = \max! \qquad (1.21)$$

Wann ist nun die Substitutionselastizität zwischen zwei Gütern maximal?

Um diese Frage beantworten zu können, gehen wir aus von einer Einteilung des Nutzens von *H. Leibenstein.* Er unterscheidet folgende Arten des Nutzens (Nutzen kann hier gleich Nachfrage gesetzt werden, da die Nachfragefunktion aus der Nutzenfunktion abgeleitet wird):

„A. Instrumentale Nachfrage
B. Nichtinstrumentale Nachfrage
 1. Nachfrage bei externen Effekten auf den Nutzen
  a) Mitläufer-Effekt
  b) Snob-Effekt
  c) Veblen-Effekt
  [d) Neuheitseffekt im eigentlichen Sinne]
  [e) Demonstrationseffekt]
 2. Spekulative Nachfrage
 3. Irrationale Nachfrage[52]."

Wir vernachlässigen die spekulative und die irrationale Nachfrage. Es kann dann gesagt werden, daß die Substitutionselastizität zwischen dem neuen Produkt und dem typischen Gut des gleichen Produktionsbereiches einen hohen endlichen Wert erreicht oder gegen unendlich strebt, wenn der Instrumentalnutzen der beiden Güter etwa gleich ist. Da aber beim neuen Gut der Neuheitseffekt wirkt und dieses Gut deshalb einen nichtinstrumentalen Nutzen aufweist, sind beide Güter vom Konsumenten aus gesehen verschieden. σ_{xy} hat deshalb einen bestimmten endlichen Wert. Dieser Wert ist dann maximal, wenn wir annehmen, daß kein anderes Vergleichsgut x' sich in bezug auf den Instrumentalnutzen besser an das neue Produkt y annähert als das betrachtete Gut x.

---

[52] *H. Leibenstein,* a. a. O., S. 235 f.

Graphisch ist der Vergleich eines neuen Produkts im eigentlichen Sinne mit einem Normalgut desselben Produktionsbereiches in Darstellung 2 durchgeführt. Die Erklärung ist analog zu derjenigen für Darstellung 1.

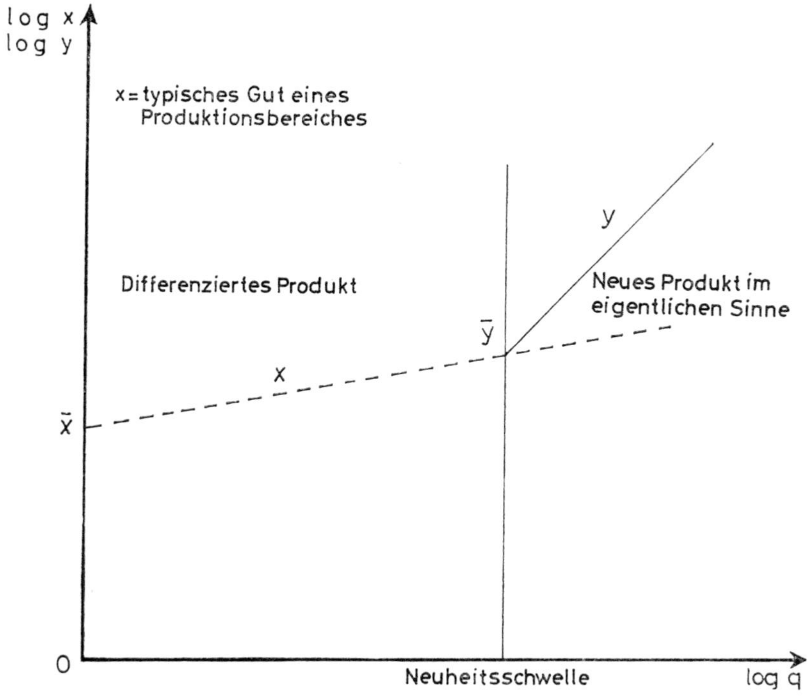

Abb. 2

3. Abschließende Bemerkungen

Entsprechend den bisherigen Ausführungen können wir die neuen Produkte als extreme Fälle von Qualitätsänderungen bezeichnen, bei denen die in den Darstellungen 1 und 2 enthaltene Neuheitsschwelle überschritten wurde. Zu einer ähnlichen Schlußfolgerung kommt auch *K. J. Lancaster*: "... the difference between a new product and a product variant is only the degree to which the characteristics mix of the new product differs from that of existing products[53]."

---

[53] *K. J. Lancaster*: Change and Innovation in the Technology of Consumption. American Economic Review, Papers and Proceedings, Bd. 56 (1966), S. 21.

J. S. Duesenberry gibt eine Einteilung der neuen Produkte, die derjenigen der abgeleiteten neuen Produkte und der neuen Produkte im eigentlichen Sinn entspricht: "... we can distinguish two types of new products; those which make possible a new range of activities and those which represent improved ways of doing old things[54]." Auch *A. Gabor* und *C. Granger* bestätigen diese Einteilungsmöglichkeit: "A product may be called new for two reasons: either because it is a novelty in the fullest sense of the word, intended to cater for a hitherto latent demand, or merely because it is a new brand, which will have to compete with a number of other brands in an established market[55]."

Als einziges Kriterium für die Neuheit eines Gutes haben wir dasjenige der Neuheit für die Konsumenten gewählt. Es wäre aber auch möglich, daß ein Produkt den Konsumenten bekannt, für die Produzenten technisch gesehen dagegen neu ist. *A. Kruse* sagt hierzu folgendes: „[Einige Produkte sind] von der Nachfrageseite aus gesehen eine ‚Neuheit', da sie einem neuen, bisher unbekannten Konsumzweck dienen. Auf der Angebotsseite müssen sie jedoch als eine Kombination bekannter Teilaggregate und somit als ein Produktionssubstitut gelten. [Andere Produkte stellen] auf der Angebotsseite eine Neuheit dar, während [sie] auf der Nachfrageseite herkömmliche Bedarfskategorien [befriedigen] und als Nachfragesubstitute bezeichnet werden [können][56]."

Als Beispiel für ein Produktionssubstitut nennt *Kruse* den Motorroller, der das Fahrrad teilweise ersetzt. Als ein Nachfragesubstitut kann der Nylonstrumpf, dessen Herstellung einen neuen Produktionsprozeß erfordert, bezeichnet werden[57].

Da wir in unserer Arbeit den Schwerpunkt auf die Untersuchung der Nachfrageseite legen, vernachlässigen wir die Nachfragesubstitute im *Kruseschen* Sinne. Die Untersuchung der Probleme der Einführung dieser Art von neuen Produkten würde ohnehin mehr technischer als wirtschaftlicher Natur sein.

---

[54] *J. S. Duesenberry*, a. a. O., S. 58.

[55] *A. Gabor* und *C. Granger*: The Pricing of New Products. Scientific Business, Aug. 1965, S. 141.

[56] *A. Kruse*: Die Produktdifferenzierung in Theorie und Praxis. Herausgeber: *K. Mellerowicz*, Freiburg 1960, S. 98.

[57] Ebenda, S. 98.

Zweites Kapitel

Der verwendete Profitbegriff und die Ursachen des Profits

I. Begriff des Profits

Wir definieren den Profit einer Unternehmung „[as] the difference between ... total revenue and ... total cost"[1]:

$$P = E - C . \tag{2.1}$$

P = Profite, E = Erträge und C = Kosten. In den Kosten seien Kapitalzins und Unternehmerlohn enthalten.

Im Falle der vollkommenen Konkurrenz sind im Gleichgewicht die Profite aller Unternehmungen gleich Null: «... les entrepreneurs ... ne feraient ni bénéfices ni pertes. ... ce tâtonnement est celui qui se fait de lui-même, sur le marché des produits, sous le régime de la libre concurrence, ...[2].»

Bei vollkommener Konkurrenz kann ein Unternehmer dann einen Profit erzielen, wenn es ihm gelingt zu Stückkosten zu produzieren, die unter dem fest vorgegebenen Produktpreis liegen.

Wir setzen aber monopolistische Konkurrenz voraus. Jeder einzelne Produktionsbereich weist demzufolge einen bestimmten durchschnittlichen Monopolgrad auf, der als konstant angenommen wird. Diese Größe ergibt sich aus dem gewichteten Durchschnitt der Monopolgrade der einzelnen Firmen eines Produktionsbereiches. Der mikroökonomische Monopolgrad μ wurde von *A. P. Lerner* definiert als

$$\frac{p - C'}{p}\,[3] . \tag{2.2}$$

p = Produktpreis und C' = Grenzkosten.

---

[1] *J. M. Henderson* und *R. E. Quandt*: Microeconomic Theory. New York 1958, S. 53.

[2] *L. Walras*: Eléments d'économie politique pure ou théorie de la richesse sociale. 2. Auflage, Lausanne 1889 (1. Auflage 1874—77), S. 241.

[3] Vgl. hierzu: *A. P. Lerner*, a. a. O., S. 238.

Der Monopolgrad gibt neben der Differenz von Grenzkosten und Preis auch die Neigung der Nachfragekurve an, da

$$\mu = -1/\varepsilon \quad (2.3)$$ [4]

ist. (ε = Preiselastizität der Nachfrage).

Bei monopolistischer Konkurrenz ist der Gleichgewichtsprofit ebenfalls gleich Null. Dies ist dann der Fall, wenn die Nachfragekurve, die Preis-Absatz-Kurve des Produzenten, eine Tangente der Stückkostenkurve ist: "Equilibrium ... then is defined by two conditions: (a) *dd'* [individuelle Preis-Absatz-Kurve] must be tangent to *PP'* [Stückkostenkurve] and (b) *DD'* [Teilnachfragekurve] must intersect both *dd'* and *PP'* at the point of tangency[5]."

Profite entstehen bei monopolistischer Konkurrenz durch eine Verschiebung der Nachfragekurve nach rechts unter der Bedingung, daß die Stückkostenkurve weder ihre Form ändert, noch sich verschiebt.

Die beiden erwähnten Definitionen für den Nullprofit entsprechen dem Begriff des Normalprofits, wie ihn *J. S. Bain* für die vollkommene Konkurrenz entwickelt hat: "*The rate of profit is then that rate which, when used in discounting the future rents of the enterprise, equates their capital value to the costs of those assets which would be held by the firm if it produced its present output in competitive equilibrium.* If this rate is greater than the rate of interest (or 'normal' rate of return), the difference may be defined as a rate of excess profit[6]."

Gemäß der zu Beginn gegebenen Definition des Profits bedeutet dieser Normalprofit in Form des Kapitalzinses einen Profit von Null, da in Beziehung (2.1) der Zins in den Kosten enthalten ist. Der "excess profit" von *Bain* entspricht unserm Profit.

Die unterschiedlichen Profitbegriffe bei vollkommener bzw. monopolistischer Konkurrenz sind auf folgendes zurückzuführen: Bei der vollkommenen Konkurrenz bildet die Nachfrageseite eine Konstante. Dies wird durch den gleichbleibenden Preis und der daraus folgenden hori-

---

[4] Für die Ableitung dieser Beziehung vergleiche:
L. Amoroso: Die statische Angebotskurve. In: Preistheorie, Herausgeber: A. E. Ott, Köln—Berlin 1965, S. 173 ff.
Original: La curva statica di offerta. Giornale degli Economisti e Rivista di Statistica, Bd. 70 (1930), S. 1—26.

[5] *E. H. Chamberlin,* a. a. O., S. 93.

[6] *J. S. Bain*: The Profit Rate as a Measure of Monopoly Power. Quarterly Journal of Economics, Bd. 55 (1941), S. 276 f.

zontalen Nachfragekurve dargestellt. Profite sind nur aufgrund der jeweiligen Form und Lage der Stückkostenkurve (Durchschnittskostenkurve) möglich.

Bei monopolistischer Konkurrenz ist es die Angebotsseite, die unverändert bleibt. Aufgrund des auftretenden produkttechnischen Fortschritts wird die Nachfragekurve verschoben oder ihr Verlauf geändert. Aus diesem Grunde ist es selbstverständlich, daß bei monopolistischer Konkurrenz das Schwergewicht der Betrachtung auf die Nachfrageseite gelegt wird.

Das soeben gesagte bedeutet aber nicht, daß bei Qualitätsvariationen bestehender Produkte und Einführung neuer Produkte die Stückkosten dieser Produkte nicht beeinflußt werden. Der produkttechnische Fortschritt beeinflußt sowohl die Nachfrage als auch die Kosten und damit das Angebot. Die Nachfragewirkungen stehen aber eindeutig im Vordergrund, währenddem die Kosten nur einen zweitrangigen Einfluß auf die Unternehmerentscheidungen haben. Wenn z. B. ein neues Produkt sehr große, gesicherte Absatzchancen hat, dann spielen hohe Forschungs- und Entwicklungskosten keine entscheidende Rolle mehr, obwohl dadurch die Stückkosten erhöht werden.

II. Die Ursachen des Profits bei der Einführung von differenzierten und neuen Produkten

Bei der Einführung von differenzierten und neuen Produkten entstehen Profite zur Hauptsache aus zwei Gründen:

a) aus der Initiative der Unternehmer, die zur Einführung solcher Produkte führt und

b) aus der Unsicherheit, die jegliche wirtschaftliche Neuerung begleitet.

1. Profite aufgrund unternehmerischer Initiative

Diese erste Profitart ist auf die schöpferische Tätigkeit des Unternehmers im Sinne *Schumpeters* zurückzuführen. *Schumpeter* hält fest, „daß jemand grundsätzlich nur dann Unternehmer ist, wenn er eine ‚neue Kombination durchsetzt‘ ...“[7]. Er sieht „das Wesen des Unternehmergewinns als das Resultat der Durchsetzung neuer Kombinationen“[8].

Wir stimmen *Schumpeters* Unternehmerdefinition und seiner einseitigen Begründung des Unternehmergewinns nicht zu. Doch wollen wir, seinen Grundgedanken folgend, für unsere Arbeit festhalten, daß aus

[7] *J. A. Schumpeter*, a. a. O., S. 116.

[8] Ebenda, S. 216.

der Unternehmerinitiative, die zur Realisierung von produkttechnischen Fortschritten führt, Profite entstehen.

Durch die rasche Entwicklung der heutigen Wirtschaft wird der Unternehmer, bzw. die Forschungsabteilung einer Unternehmung, zu schöpferischer Tätigkeit gezwungen: "Industry in the United States is engaged today in a deliberate, intense and systematic search for innovation leading to new products. It was largely after World War II that United States companies formed internal research and development organizations, hiring scientists and engineers to develop radically new technologies, processes and products. Now innovation is viewed as the touchstone of corporate profitability and viability; ...[9]." Diese Feststellung gilt mehr oder weniger für alle hoch entwickelten Industrieländer.

Aufgrund dieser wirtschaftlichen Dynamik nimmt die Forschungsabteilung eine zentrale Stellung in den Unternehmungen ein: „Die Firmen wenden sich heute vor allem an den Forschungsleiter, um die Quellen ihrer derzeitigen Profite zu schützen und Quellen künftiger Profite zu erschließen[10]."

Der *Schumpetersche* Pionierunternehmer ist also in der heutigen Wirtschaft nicht mehr die Ausnahme, sondern die Regel. Er wird aber in den meisten Fällen nicht mehr durch Einzelpersonen, sondern durch Personengruppen, das top-management[11] einer Unternehmung, verkörpert.

2. Unsicherheit als Profitursache

Der zweite Grund, der bewirkt, daß bei Einführung von differenzierten und neuen Produkten Profite entstehen, ist die nichtmeßbare Unsicherheit im Sinne von *F. H. Knight*: "... a *measurable* uncertainty, or 'risk' proper, ..., is ... different from an unmeasurable one ... We shall restrict ... the term 'uncertainty' to cases of the non-quantitative type.

---

[9] *D. B. Gleicher*: Mobilizing Resources for Product Innovation. In: Uncertainty in Research Management and New Product Development, Herausgeber: R. M. Hainer, S. Kingsbury und D. B. Gleicher, New York, Amsterdam, London 1967. S. 119.

[10] *T. A. Burtis*: Festlegung der Aufgabe des Forschungsleiters. In: Die Entwicklung neuer Produkte, American Management Association — Schriftenreihe, Bd. 7, Düsseldorf 1960, S. 99.

[11] *F. Redlich* meint zu diesem Ausdruck: „Wenn amerikanische Betriebswissenschaftler oder Firmenhistoriker von ‚executives' oder ‚top management' sprechen, dann meinen sie in der Regel das Team, das in der modernen Großunternehmung dem ‚Unternehmer' in der Theorie entspricht."
F. Redlich: Artikel „Unternehmer" im Handwörterbuch der Sozialwissenschaften, Bd. 10, Tübingen—Göttingen 1959, S. 489.

It is this 'true' uncertainty and not risk, ..., which forms the basis of a valid theory of profits[12]."

Die Unsicherheit tritt im Falle des produkttechnischen Fortschritts von zwei Seiten an die Unternehmung heran.

Die erste Unsicherheitskomponente bilden die innerbetrieblichen Vorgänge bei der Realisierung von Produktneuerungen. Diese, vor allem die neuen Produkte, verursachen Entwicklungskosten. Um überhaupt neue Produkte hervorzubringen, muß zudem Forschung betrieben werden, was wiederum Kosten verursacht. Beide Kostengruppen entsprechen dem besonders in der amerikanischen Literatur geläufigen Begriff der R and D-Costs[13] (Research and Development Costs).

Die Unsicherheit besteht nun darin, ob die Forschungs- und Entwicklungsabteilung zu angemessenen Kosten marktgerechte Produkte hervorbringt oder nicht.

Der zweite Unsicherheitsfaktor ist die Ungewißheit über die Marktlage. Ist endlich ein differenziertes oder ein neues Produkt entwickelt, so heißt dies nicht, daß es auch abgesetzt werden kann. Besonders bei der Einführung von neuen Produkten im eigentlichen Sinn ist der Unsicherheitsgrad sehr bedeutsam. Wird dagegen ein differenziertes oder ein abgeleitetes neues Produkt auf den Markt gebracht, so ist die Ungewißheit stark vermindert, da die Unternehmung bereits die Absatzlage des entsprechenden Standardproduktes bzw. des entsprechenden differenzierten Produktes kennt.

III. Eine Theorie der Erwartungen

Damit aber der Unternehmer trotz dieser Unsicherheit Entscheidungen treffen kann, muß er von Erwartungen bezüglich der Entwicklung der ihn interessierenden wirtschaftlichen Größen ausgehen. Risiko und Unsicherheit sind dann in einer allgemeinen Theorie der Erwartungen eingeschlossen. Eine solche Theorie wurde von *B. S. Keirstead*[14] entwickelt. Wir sind der Ansicht, daß sie den Entscheidungsprozeß bei Unsicherheit gut beschreibt. Die Überlegungen *Keirsteads* seien deshalb ausführlicher dargestellt.

---

[12] *F. H. Knight*: Risk, Uncertainty and Profit. 8. Auflage, New York 1957 (1. Auflage 1921), S. 20.

[13] Vgl. z. B.: *E. Mansfield*: The Economics of Technological Change. New York 1968, Kapitel III: Industrial Research and Development, S. 43—98.

[14] *B. S. Keirstead*: An Essay in the Theory of Profits and Income Distribution. Oxford 1953.

Keirstead geht von folgender Tatsache aus: "Profits may be of different kinds or categories, but in every case ... they result from forward-looking entrepreneurial behaviour based on expectations[15]."

Die Erwartungen definiert er folgendermaßen: "Expectations ... may be defined as beliefs held at the present moment about the probable magnitudes of economic quantities or variables at some future moment of time. Expectations appear to involve ... risk and uncertainty ...[16]."

In bezug auf Risiko und Unsicherheit existieren nun für den einzelnen Unternehmer drei typische Situationen:

Erstens, eine Risikosituation bei der die Unsicherheit berechenbar ist. Es ist möglich eine Wahrscheinlichkeitsverteilung über das Eintreffen eines bestimmten Ereignisses aufzustellen, denn "risk is ... the term used to describe a calculable chance"[17].

Eine zweite typische Situation besteht dann, wenn vollkommene Unsicherheit herrscht: "Uncertainty ... exists when, of a number of possible future consequences of a present event, it is impossible to calculate objectively a distribution of probability[18]."

Die dritte, nach *Keirstead* für das Unternehmerverhalten wichtigste Situation ist diejenige bei "objective uncertainty, subjective certainty: In these situations the entrepreneur regards the single-valued projections as given quantities and behaves as though no uncertainty were present. He is subjectively certain — or behaves as though he were subjectively certain — even though the situation is formally one of objective uncertainty[19]."

Die Erwartungen als solche werden in zwei Gruppen eingeteilt:

a) Erwartungen allgemeiner Art: "These expectations are general in the sense that they are expectations about quantities which are general to the economy as a whole, ... the future values of income, investment, savings, employment, consumers' spending, exports and imports are the quantities about which general expectations are entertained[20]."

b) Erwartungen besonderer Art: "Particular expectations are defined as those entrepreneurial expectations which pertain to the future values of variables which are particular to the firm, viz., relative costs, relative

---

15 *B. S. Keirstead,* a. a. O., S. 1.

16 Ebenda, S. 17.

17 Ebenda, S. 17.

18 Ebenda, S. 18.

19 Ebenda, S. 21.

20 Ebenda, S. 21.

prices, the response of real or potential competitors, demand for the product and so forth[21]."

Keirstead unterscheidet nun zwei Profitarten, die den besonderen Erwartungen entspringen, nämlich "innovators' profits and monopolists' profits"[22]. Mit dieser letzteren Unterteilung sind wir nun nicht einverstanden.

Keirstead selbst definiert Monopolprofite ausdrücklich als "resulting from downward sloping average revenue functions"[23]. Warum sind aber Durchschnittsertrags- oder Nachfragekurven fallend?

Mrs. *Robinson* nennt als Gründe die Zahl der Verkäufer eines Produkts und "the degree to which substitution is possible, from the point of view of buyers, between the output of other firms and the output of the firm in question"[24].

Dieser Grad der Substituierbarkeit zwischen den Gütern wird durch verschiedene Ursachen bestimmt. Produkttechnischer Fortschritt, Marktmacht und Kartellbildung sind nur einige davon. Diese Elemente bestimmen die Neigung der Nachfragekurve. Da

$$\mu = -1/\varepsilon \tag{2.3}$$

ist, ist durch die Neigung der Nachfragekurve auch der Monopolgrad bestimmt.

Wir folgern nun, daß der produkttechnische Fortschritt neben andern Elementen, wie Marktmacht, Kartellbildung usw. *eine* Ursache des Entstehens von monopolistischen Elementen in einer Wirtschaft ist. Profite aufgrund der Unternehmerinitiative sind demnach in den Monopolprofiten enthalten. Die "innovators' profits" im Sinne *Keirsteads* sind somit *eine* Komponente des Monopolprofits und nicht eine besondere Profitkategorie.

Da die Einführung von differenzierten und neuen Produkten mit den obengenannten „particular expectations" verbunden ist und damit Unsicherheit beinhaltet, ist das Bestehen der zweiten Profitursache als Entschädigung für die Unsicherheit, die der Unternehmer auf sich nimmt, begründet.

---

[21] Ebenda, S. 23.

[22] Ebenda, S. 25.

[23] Ebenda, S. 15.

[24] *Joan Robinson*: The Economics of Imperfect Competition. London 1964 (1. Auflage 1933), S. 50.

IV. Die Profitmaximierung als Grundziel der Unternehmung

Die Annahme der Hypothese der Profitmaximierung als unternehmerisches Grundziel ist umstritten. Der Hauptgrund hiefür ist in der Veränderung der Marktform zu suchen.

Bei vollkommener Konkurrenz war der Konkurrenzdruck derart groß, daß die Profitmaximierung geradezu erzwungen wurde. Die heute vorherrschenden Marktformen sind aber oligopolistischer und monopolistischer Art. Unter diesen Bedingungen können die Unternehmen statt des maximalen durchaus einen befriedigenden Gewinn anstreben. Ihr Grundziel könnte z. B. die Sicherung des Marktanteils sein.

Wie wir bereits erwähnten, ist aber auf den Konsumgütermärkten eine zunehmende Dynamisierung zu beobachten: „Die Jahresberichte einiger ... aufsteigender Firmen heben hervor, daß mehr als 80 % ihrer Umsätze von Produkten stammen, die es vor zehn Jahren noch nicht gab. Ein ähnliches Bild zeigen heute die meisten wachsenden Firmen, verhältnismäßig kleine Gesellschaften genauso wie die Giganten der Industrie[25].“ Von diesen aufkommenden neuen Produkten sichern sich einige einen festen Platz in der Gesamtheit der Güter, andere verschwinden nach einer bestimmten Zeit. Entwicklung und Einführung solcher neuer Produkte schaffen für die einzelne Unternehmung verschiedene Probleme mittel- und langfristiger Art.

Weiterhin ändern Werbung und Qualitätsänderungen die Marktlage in kürzester Zeit, was kurzfristiges, rasches Handeln erfordert.

Zwei Gründe bewirken nun hauptsächlich, daß die Profitmaximierung unter diesen Umständen unbedingt erforderlich ist:

Erstens: Die Deckung der Forschungs- und Entwicklungskosten, sowie der Werbeausgaben muß gewährleistet werden. Dies muß durch die künftigen Profite geschehen.

Zweitens: Risiko und Unsicherheit sind für Unternehmungen in dynamischen Produktionsbereichen sehr hoch. Der Hauptgrund hierfür ist, daß der Verlauf der zukünftigen Nachfrage nach einem neuen Produkt weitgehend unbekannt ist. Daneben entziehen sich auch die zukünftigen kurzfristigen Marktsituationen (Verlauf der Nachfragekurven in den einzelnen Zeitpunkten) teilweise der Kenntnis des Unternehmers. Der Profit als Unsicherheitsprämie muß deshalb entsprechend hoch sein.

---

[25] *P. Marvin*: Einleitung zum Sammelwerk: Die Entwicklung neuer Produkte. American Management Association — Schriftenreihe, Düsseldorf 1960, S. 9.

Für den oligopolistischen Markt hat *Baumol* einen Einwand gegen die Profitmaximierung vorgebracht: "... typical oligopolist's objectives can usually be characterized, approximately, as sales maximization subject to a minimum profit constraint[26]." Dazu ist zu sagen, daß die Unternehmen im oligopolistischen Markt wahrscheinlich keine andere Wahl der Art der Profitmaximierung haben. Bei konstanter Technik wird nämlich beim Oligopol der Preiswettbewerb meistens vermieden. Die Reaktionen einzelner Unternehmungen können derart sein, daß ein zerstörerischer Preiskampf entsteht, der schließlich zum Schaden aller ist. Bei der daraus folgenden Preiskonstanz ist die Verkaufsmaximierung gleichzeitig Maximierung des Profits. *Baumols* Verkaufsmaximierung ist somit eine besondere Art der Profitmaximierung.

Profitmaximierung, die allerdings verschiedenen Restriktionen unterworfen sein kann, ist somit unserer Ansicht nach immer noch das Ziel unternehmerischen Strebens. Es geht hier aber nicht um kurzfristiges Profitstreben sondern um langfristige Profitplanung, die dann Unternehmensplanung wird. Wir schließen uns damit *B. S. Keirstead* an: "... the entrepreneur is interested to maximize profits as a primitive function of time up to a given limit, not to maximize profits as the first derivative of this function at any point of time[27]."

---

[26] *W. J. Baumol*: Business Behavior, Value and Growth. New York 1959, S. 49.

[27] *B. S. Keirstead,* a. a. O., S. 43.

ZWEITER TEIL

Analyse der Angebots- und Nachfrageseite bei Auftreten von produkttechnischem Fortschritt

Drittes Kapitel

Die Angebotsseite

I. Produktionsfunktion und produkttechnischer Fortschritt

1. Produktionsfunktion und differenzierte Produkte

a) Die Mengenproduktionsfunktion

Wir gehen von der Tatsache aus, daß bei der Produktion eines Gutes sowohl die hergestellte Menge als auch die Qualität dieses Gutes den Einsatz der verwendeten Produktionsfaktoren beeinflussen. Demzufolge können wir auch zwei mikroökonomische Produktionsfunktionen aufstellen.

Die Mengenproduktionsfunktion, die die Beziehung zwischen der produzierten Menge und den eingesetzten Produktionsfaktoren angibt, ist die folgende:

$$x = x(v_1, v_2, \cdots, v_i, \cdots, v_n)\,. \tag{3.1}$$

x bezeichnet den mengenmäßigen Output einer Einproduktunternehmung, die *eine*, durch den Qualitätsparameter q genau definierte Gutsqualität herstellt[1]. v_i ($i = 1, 2, \ldots, n$) bezeichnen die von der Unternehmung eingesetzten Produktionsfaktoren. Die Produktionsfunktion (3.1) weist folgende Eigenschaften auf:

a) Die Funktion ist stetig und zweimal differenzierbar.

---

[1] Die Annahme, daß jede Unternehmung jeweils nur eine Qualität ihres Outputs herstellt, wurde, zwecks Vereinfachung des Qualitätsproblems, bereits von *H. Brems* gemacht: "... 'quality improvement' means improvement of the quality of *all* units sold, not only improvement of the quality of the last unit."

H. Brems: The Interdependence ..., a. a. O., S. 435, Fußnote 2.

b) Die Produktionsfaktoren sind untereinander unbegrenzt substituierbar. Es gibt keine inferioren Produktionsfaktoren.

c) Die Produktionsfunktion ist homogen vom Grade r. Es gilt deshalb[2]:

$$\lambda^r x = x(\lambda v_1, \lambda v_2, \cdots, \lambda v_n)$$

d) Der Verlauf der Funktion ist bestimmt durch:

$$\frac{\partial x}{\partial v_i} > 0 \quad \text{und} \quad \frac{\partial^2 x}{\partial v_i^2} < 0, (i = 1, 2, \cdots, n),$$

was dem Gesetz des abnehmenden Ertragszuwachses entspricht.

b) Die Qualitätsproduktionsfunktion

Die Qualitätsproduktionsfunktion wird durch folgende Beziehung dargestellt:

$$q = q(v_1, v_2, \cdots, v_i, \cdots, v_n). \tag{3.2}$$

q bezeichnet den qualitativen Stand der von der betrachteten Unternehmung produzierten Menge x. Gemäß Gleichung (1.7) ist die Produktqualität durch

$$q = q(a, b)$$

bestimmt, d. h. durch die Grund- und Nebeneigenschaften des entsprechenden Gutes. Wird der Output in Standardausführung hergestellt, dann bedeutet das, daß in Gleichung (1.7) alle Komponenten der Vektoren a und b und damit auch der Qualitätsparameter q gleich eins werden. Für den Qualitätsstandard der Produktmenge ist damit kein Faktoreinsatz nötig, und für Gleichung (3.2) gilt:

$$\bar{q} = q(0, 0, \cdots, 0) = 1. \tag{3.3}$$

---

[2] Vgl. *R. G. D. Allen,* a. a. O., S. 317.

Die Eigenschaften der Qualitätsproduktionsfunktion sind:

a) Unbegrenzte Substituierbarkeit der Produktionsfaktoren.

b) Homogenität vom Grade r:[3]

$$\lambda^r q = q(\lambda v_1, \lambda v_2, \cdots, \lambda v_n).$$

Eine Multiplikation des Einsatzes aller Produktionsfaktoren mit dem Faktor λ verändert bei konstanter Menge die Produktqualität um $\lambda^r q$.

c) Der Kurvenverlauf ist durch

$$\frac{\partial q}{\partial v_i} > 0 \quad \text{und} \quad \frac{\partial^2 q}{\partial v_i^2} < 0 \quad (i = 1, 2, \cdots, n)$$

gekennzeichnet, was einer Gesetzmäßigkeit vom abnehmenden Qualitäszuwachs entspricht.

Die Qualitätsproduktionsfunktion gilt in gleicher Weise für differenzierte als auch für abgeleitete neue Produkte.

Dieses Verfahren zur Bestimmung des qualitativen Standes der Produktion einer Unternehmung entspricht der indirekten Methode der Qualitätsmessung. *H. Brems* macht zu diesem Vorgehen folgende Einschränkung: "Under Leontiefian assumptions, for a given product, a_{ij} [input-coefficient] is independent of the level of output X_j. ... If the Leontiefian assumptions were not used, we would not know whether a change in a_{ij} would reflect a change in the level of output or would reflect a change in the quality of the product or the selling effort accompanying it[4]."

Die Annahme einer linear-limitationalen Produktionsfunktion ist unserer Ansicht nach nicht notwendig, um bei Veränderung des Output auch die Produktionskoeffizienten unverändert zu lassen. Eine linear-homogene Produktionsfunktion und Konstanz der Faktorpreise lassen bei Outputänderungen die Produktionskoeffizienten ebenfalls unverändert.

Durch die Einführung von zwei Produktionsfunktionen sind die beiden letzteren Voraussetzungen auch nicht mehr notwendig. Die Qualität q ist durch die eingesetzten Mengen der Produktionsfaktoren und durch die Eigenschaften der Qualitätsproduktionsfunktion bestimmt.

---

[3] Vgl. *R. G. D. Allen*, a. a. O., S. 317.

[4] *H. Brems*: Input-Output Coefficients . . ., a. a. O., S. 106.

K. Borchardt erhebt gegen das indirekte Verfahren zur Messung der Produktqualität folgenden Einwand: „Da ... im allgemeinen der verfahrenstechnische Fortschritt ebenfalls durch die Veränderungen der Produktionskoeffizienten gemessen wird, wären Veränderungen in den Produktionsverfahren und Wechsel in der Güterstruktur nicht mehr eindeutig voneinander zu unterscheiden[5]."

Diesen Einwand halten wir nicht für gerechtfertigt, weil der produkttechnische Fortschritt nur bei *konstanter* Verfahrenstechnik erfaßt werden kann. Umgekehrt kann der verfahrenstechnische Fortschritt nur bei gleichbleibender Produktqualität erfaßt werden. Dies wollen wir anhand der folgenden Überlegung erläutern.

Wir gehen aus von einer Beziehung

$$X = f(x, q) \tag{3.4}$$

x = produzierte Menge eines Produkts, q = qualitativer Stand dieser Produktmenge und X = Gesamtproduktion, die Menge und Qualität berücksichtigt.

Eine Steigerung der Gesamtproduktion wird bewirkt durch eine Erhöhung der produzierten Menge und/oder eine Verbesserung der Produktqualität:

$$dX = dx + \frac{\partial X}{\partial q}\, dq\,. \tag{3.5}$$

Bei konstantem Faktoreinsatz erhöht der verfahrenstechnische Fortschritt die Outputmenge, die qualitativ unverändert bleibt, um dx. Die qualitätsmäßige Verbesserung des *konstanten* Output wird durch dq dargestellt, wobei der Mehreinsatz an Produktionsfaktoren durch die Qualitätsproduktionsfunktion bestimmt wird. Beide Arten des technischen Fortschritts sind damit getrennt. Die noch unbestimmte Größe $\partial X / \partial q$ kann nur mit Hilfe des Verhaltens der Konsumenten erklärt werden. Sie wird deshalb bei der Analyse der Nachfrageseite im Abschnitt II. 2 des 4. Kapitels näher definiert werden.

---

[5] *K. Borchardt,* a. a. O., S. 115.

2. Produktionsfunktion und neue Produkte

Für die Herstellung eines neuen Produktes im eigentlichen Sinne hat die betrachtete Unternehmung neue Mengen- und Qualitätsproduktionsfunktionen

(3.6) $$y = y(v_1, v_2, \cdots, v_n) \quad \text{und}$$

(3.7) $$q_y = q_y(v_1, v_2, \cdots, v_n)$$

zu entwickeln. Die Eigenschaften dieser beiden Beziehungen sind dieselben wie diejenigen der Gleichungen (3.1) und (3.2).

II. Die statische Kostenfunktion und Produktdifferenzierung

1. Kostenfunktionen mit Qualitätsparameter

Aufgrund des Bestehens von zwei Produktionsfunktionen ergeben sich auch zwei Arten von Kosten: *Mengenkosten und Qualitätskosten.* Die Gesamtkosten stehen somit in funktioneller Beziehung zur produzierten Menge und zum qualitativen Stand dieser Menge:

(3.8) $$C = C(x, q)$$

Je nachdem, ob der Homogenitätsparameter r der Mengenproduktionsfunktion (3.1) kleiner, gleich oder größer als eins ist, gilt[6]:

$$\frac{\partial C}{\partial x} > 0 \quad \text{und} \quad \frac{\partial^2 C}{\partial x^2} \gtreqless 0 .$$

Wenn wir die Produktqualität variieren, verändern sich die Kosten in folgender Weise:

$$\frac{\partial C}{\partial q} > 0 \quad \text{und} \quad \frac{\partial^2 C}{\partial q^2} \gtreqless 0 .$$

[6] Vgl. dazu: *R. Frisch*: Theory of Production. Dordrecht 1965, S. 65 und S. 164 ff.

Diese Art der Abhängigkeit der Kosten von Änderungen der Produktqualität ist wie folgt begründet:

Der Exponent r des Skalenparameters λ in der Qualitätsproduktionsfunktion (3.2) entspricht wiederum dem „passus coefficient" von *R. Frisch*[7], der nun als

$$r = \frac{dq}{d\lambda} \cdot \frac{\lambda}{q}$$

definiert ist. Da nun r für Qualitätsänderungen gleich eins oder ungleich eins sein kann, können für die Qualität steigende ($r > 1$), sinkende ($r < 1$) oder konstante ($r = 1$) Skalenerträge bestehen[8]. Je nachdem werden die Grenzkosten der Qualität sinken, steigen oder konstant bleiben[9].

Die Kostenfunktion (3.8) weist Ähnlichkeiten mit einer von *S. Danø* aufgestellten Funktion auf[10]:

$$c = c(x, y) . \tag{3.9}$$

c = Gesamtkosten, x = Output und y = Qualitätsparameter.

Auch *Dorfman-Steiner* gehen von einer ähnlichen Kostenfunktion wie *S. Danø* aus:

$$c = c(q, x)\ ^{11}. \tag{3.10}$$

c = Durchschnittskosten, q = produzierte Menge und x = Qualitätsindex.

In unserer Funktion (3.8) ist der Begriff der Qualität näher gekennzeichnet als in den Beziehungen von *S. Danø* und von *Dorfman-Steiner*. Die Gesamtkosten C sind hier abhängig von der Art der Qualitätsvariation k_i und damit von den Werten des Vektors b, der wiederum durch seine einzelnen Elemente b_j ($j = 1, 2, \ldots, n$) bestimmt wird.

---

[7] *R. Frisch*, a. a. O., S. 65.

[8] Ebenda, S. 65 ff. Statt r verwendet *R. Frisch* ε zur Symbolisierung des „passus coefficient".

[9] Ebenda, S. 164 ff.

[10] *S. Danø*: Industrial Production Models. Wien—New York 1966, S. 135.

[11] *R. Dorfman* und *P. O. Steiner*, a. a. O., S. 832.

Dies zeigt sich, wenn wir die Funktion (3.8) total differenzieren und dabei dx gleich Null setzen. Wir erhalten:

$$dC = \frac{\partial C}{\partial q}\, dq\,. \tag{3.11}$$

Aufgrund der Beziehung (1.4) ist aber bei einem differenzierten Produkt $dq = \frac{\partial q}{\partial b}\, db$. db ist bestimmt durch die Art der Qualitätsvariation k_i, die wiederum auf Gleichung (1.6) einwirkt. Unter Berücksichtigung dieser beiden letzteren Beziehungen, ergibt sich dC als Funktion der Veränderung jedes einzelnen *objektiven* Qualitätselementes eines Gutes:

$$dC = \frac{\partial C}{\partial q} \cdot \frac{\partial q}{\partial b}\, [db_1, db_2, \cdots, db_n]\,. \tag{3.12}$$

2. Eine Kostenfunktion ohne Qualitätsparameter

Grundsätzlich liegt den Kostenfunktionen (3.8), (3.9) und (3.10) die gleiche Art der Behandlung des Qualitätsproblems zugrunde: Die Qualität wird als Parameter in die entsprechenden Gleichungen eingeführt.

H. v. Stackelberg nimmt in seiner Analyse Qualität und Werbung als implizierte Variable an[12]. Er geht aus von der Kostenfunktion

$$K = f(x, p)\,. \tag{3.13}$$

K = Kosten, x = Menge und p = Preis.

Durch jeweiliges Konstanthalten einer der drei Werte K, x oder p untersucht *v. Stackelberg* die Abhängigkeit zwischen den beiden variierbaren Größen.

Bei Konstanz von x herrscht zwischen K und p folgende Abhängigkeit:

$$\frac{\partial K}{\partial p} = f_p(x, p) > 0\,. \tag{3.14}$$

---

[12] Vgl. hierzu: *H. v. Stackelberg*: Theorie der Vertriebspolitik und der Qualitätsvariation. In: Preistheorie, Herausgeber: A. E. Ott, Köln—Berlin 1965, S. 280—319.
Original: Schmollers Jahrbuch für Gesetzgebung, Verwaltung und Volkswirtschaft im Deutschen Reiche, Bd. 63 (1939), S. 43—85.

v. Stackelberg begründet den positiven Wert von $\partial K/\partial p$ damit, daß bei steigendem Preis und konstanter Menge, die Qualität des abzusetzenden Gutes verbessert werden muß. Gleichzeitig steigen auch die Vertriebskosten[13].

Von einer bestimmten Preisuntergrenze an gilt für die zweite Ableitung der Kostenfunktion:

$$\frac{\partial^2 K}{\partial p^2} = f_{pp}(x, p) > 0 . \tag{3.15}$$

Die Beziehung (3.15) besagt, daß die Kosten gegen unendlich streben, wenn p gegen eine gewisse Obergrenze strebt.

H. v. Stackelberg untersucht nun die Beziehungen zwischen K und x. Der Preis p wird konstant gehalten und gleich q gesetzt. Die Funktion (3.13) wird dadurch zur Kostenfunktion im eigentlichen Sinne:

$$K = f(x, q) . \tag{3.16}$$

H. v. Stackelberg meint zu dieser Beziehung: „[Die] Besonderheit [dieser Kostenfunktion] besteht lediglich darin, daß mit steigender Absatzmenge x die Kosten nicht nur deshalb steigen, weil der Beschäftigungsgrad erhöht wird, sondern auch deshalb, weil die Produktqualität verbessert und die Vertriebsorganisation verstärkt und erweitert werden muß, wenn der erhöhte Absatz zum gleichbleibenden Preise q getätigt werden soll[14]."

Für den Verlauf von (3.16) gilt folgendes:

$$\frac{\partial K}{\partial x} = f_x(x, p) > 0 . \tag{3.17}$$

Für hinreichend große Werte von x ist die zweite Ableitung der Funktion (3.16) f_{xx} positiv, für hinreichend kleine Werte von x dagegen negativ. Dazwischen existiert ein Punkt, in dem $f_{xx} = 0$ ist. Die *v. Stackelbergsche* Kostenfunktion ist demnach eine klassische.

Wie ist nun diese Art der Behandlung der Qualität und der Werbung in der Kostenfunktion zu beurteilen? Wir sehen hierin zwei Nachteile:

a) In der Kostenfunktion sind Angebots- und Nachfrageelemente verquickt.

---

[13] Vgl. hierzu: *H. v. Stackelberg*: Theorie der Vertriebspolitik ..., a. a. O., S. 285.

[14] *H. v. Stackelberg*: Theorie der Vertriebspolitik ..., a. a. O., S. 289.

b) Ein genauer Qualitätsbegriff ist unmöglich, da Produktions- sowie Qualitäts- und Werbekosten nicht getrennt werden.

Wir sind der Ansicht, daß die Qualität in *objektiver* Weise anhand eines Qualitätsparameters erfaßt und dann in die Nachfrage- und Kostenfunktionen eingeführt werden sollte. Bei einem derartigen Vorgehen ist es möglich, den Einfluß von Qualität und Werbung auf das Güterangebot und die Güternachfrage zu untersuchen. Die Qualitäts- und Werbekosten sind dann von den Produktionskosten trennbar.

3. Der Unterschied zwischen Qualitäts- und Werbekosten

Um diese Unterscheidung durchzuführen gehen wir von einer Einteilung von H. Brems aus: "Let us call the different respects in which quality of a product and selling effort can be changed, 'criteria'. There are ... quality criteria and selling effort criteria[15]."

In unserer objektiven Definition des Produkts erwähnten wir, daß jedes Produkt materielle und immaterielle Eigenschaften aufweise. Als Qualitätseigenschaften eines Gutes bezeichnen wir die Gesamtheit der materiellen Produkteigenschaften. Ist das betrachtete wirtschaftliche Gut eine Dienstleistung, so handelt es sich um immaterielle Eigenschaften. In jedem Falle aber sind Veränderungen dieser Eigenschaften Veränderungen am Gut selber.

Diejenigen Produkteigenschaften, die durch Werbung erzeugt werden, bilden einen Teil der immateriellen Eigenschaften eines Gutes. Diese durch Werbung hervorgebrachten immateriellen Produkteigenschaften werden grob gesehen im Grade des Bekanntseins und im Image des Produkts zusammengefaßt. Diese Unterscheidung basiert auf *E. H. Chamberlin*, der die Berechtigung der Werbeausgaben auf zwei Umstände zurückführt: "... (a) imperfect knowledge on the part of buyers as to the means whereby wants may be most effectively satisfied, and (b) the possibility of altering wants by advertising or selling appeal[16]."

In bezug auf die Kostenart besteht ein wichtiger Unterschied zwischen Qualitäts- und Werbekosten: "The essential difference from advertising is that changes in quality enter into variable costs[17]." Die Werbekosten haben also Fixkostencharakter.

---

[15] *H. Brems*: The Interdependence ..., a. a. O., S. 422.

[16] *E. H. Chamberlin*, a. a. O., S. 72.

[17] *R. Dorfman* und *P. O. Steiner*, a. a. O., S. 831.

III. Die dynamische Kostenfunktion und die Entwicklung neuer Produkte

1. Forschungs- und Entwicklungskosten

Es ist für eine Unternehmung ein sehr schwieriges Problem, die optimalen Aufwendungen für Forschung und Entwicklung zu finden. Theoretisch gesehen ist es ein Problem der Variationsrechnung. *P. J. Dhrymes* hat in Anlehnung an einen Artikel von *M. Nerlove* und *K. J. Arrow*[18] eine Lösung der obigen Aufgabenstellung angedeutet[19]. Die zu optimierende Funktion würde bei einer Nachfragefunktion $y = f(p, z)$ und einer Kostenfunktion $C = C(y, A)$ folgendermaßen aussehen:

$$V(A, p, z) = \int_0^\infty e^{-\alpha t} \left[p \cdot f(p, z) - C(y, A) - a \right] dt - A_0.$$

A = Forschungs- und Entwicklungspotential, a = Forschungs- und Entwicklungsausgaben pro Zeiteinheit, C = Gesamtkosten, p = Produktpreis, y = Absatz in einer Periode, z = exogene Variable und α = Diskontsatz.

Es würde nun darum gehen, solche Zeitpfade für $p(t)$ und $A(t)$ in Abhängigkeit von $z(t)$ zu finden, die das Funktional $V(A, p, z)$ maximieren.

E. Mansfield ist in einer ökonometrischen Untersuchung von der Hypothese ausgegangen, daß die Unternehmer ein gewünschtes Niveau von Forschungs- und Entwicklungsausgaben anstreben[20]. Die wichtigsten Einflußfaktoren, die auf diese Größe einwirken, sind nach ihm die Höhe des Absatzes der Unternehmung und die aufgrund von Forschungs- und Entwicklungsausgaben erwarteten Profite.

Wir wollen auf die Problematik dieser Kosten nicht näher eingehen und sie den Fixkosten bei der Herstellung eines neuen Produktes zurechnen.

2. Der Stock der Neuheitswerbung

Wie wir im ersten Kapitel dieser Arbeit erwähnt haben, ist die Neuheit eines Produktes ein besonderes Qualitätsmerkmal, das allerdings

---

18 *M. Nerlove* und *K. J. Arrow*: Optimal Advertising Policy under Dynamic Conditions. Economica, Bd. 29 (1962), S. 129—142.

19 *P. J. Dhrymes:* On Optimal Advertising Capital and Research Expenditures under Dynamic Conditions. Economica, Bd. 29 (1962), S. 275—279.

20 *E. Mansfield*: Industrial Research and Development Expenditures:

nur temporär ist. Wenn diese Neuheit eines Produktes durch die Unternehmung, die es einführt, ausgenützt werden soll, müssen Aufwendungen für Neuheitswerbung gemacht werden. Diese Art von Werbung ist nicht mit der Routinewerbung gleichzusetzen, die für jedes Produkt betrieben wird.

Wir gehen davon aus, daß man die Werbung als Stockgröße auffassen kann[21]. Es würde dann darum gehen, in einem Zeitpunkt t_0 einen Stock für Neuheitswerbung N zu schaffen. Wir wollen dabei annehmen, daß sich dieser Stock nicht mehr erneuern läßt. Diese Annahme muß getroffen werden, da sich ja der Neuheitseffekt und verschiedene andere Begleiterscheinungen bei neuen Produkten (wie z. B. der Demonstrationseffekt) mit der Zeit verflüchtigen. Es gilt also

$$\dot{N} + \delta N = 0 .$$

δ = Rate der Abnahme des Neuheitswerbestocks.

Die Integration dieser Differentialgleichung ergibt

$$N(t) = N(t_0)\, e^{-\delta t}.$$

Bei genügend großem t strebt $N(t)$ gegen Null. Es sei angenommen, daß dies der Fall ist, wenn die Nachfrage für das neue Produkt die Sättigungsgrenze erreicht.

Die Kosten zum Aufbau des Neuheitswerbestocks sind dann im Zeitpunkt t_0:

$$C_N = b\, N(t_0).$$

Die Größe b, eine Art Grenzkosten, würde von der Höhe des Zinssatzes abhängen zu dem das eingesetzte Kapital verzinst werden muß. Sie ist deshalb auch abhängig von der Länge der Planungsperiode.

Determinants and Relation to Size of Firm and Inventive Output. In: Industrial Research and Technological Innovation, New York 1968, S. 22 ff.

[21] Vgl. hierzu: *M. Nerlove* und *K. J. Arrow*, a. a. O., S. 129—142.

3. Die Qualitätskosten

Die Kostenfunktion

$$C = C(x, q) \tag{3.8}$$

ist nur gültig, wenn x sich nicht verändert. Sie wird deshalb bei der Untersuchung des Einflusses von Qualitätsänderungen auf den Profit (5. Kapitel) verwendet werden.

Bei einem neuen Produkt y ist Beziehung (3.8) nicht mehr gültig, da die abgesetzte Menge von y sich ständig verändert bis die Sättigungsmenge $\bar{y}$ (vgl. Abschnitt I.3 des 4. Kapitels) erreicht ist. Die Qualitätskosten sind damit nicht nur abhängig von der Höhe des Qualitätsstandards, sondern auch von der abgesetzten Menge $y(t)$. Wir können diese Tatsache berücksichtigen, indem wir q multiplikativ mit y verbinden. Die Qualitätskosten ändern sich dann mit den Veränderungen von y. Allgemein würde die Kostenfunktion folgendermaßen aussehen:

$$C(t) = C\,[y(t), q(t)\,y(t)]\,.$$

4. Die dynamische Kostenfunktion

Wird nun noch berücksichtigt, daß die Forschungskosten für die Qualität von den Qualitätsänderungen $\dot{q}$ abhängen, ergibt sich die folgende Kostenfunktion:

$$C(t) = C\,[y(t), q(t)\,y(t), \dot{q}] + F. \tag{3.18}$$

In F sind die Fixkosten, Forschungs- und Entwicklungskosten und der Aufwand für die Neuheitswerbung C_N enthalten.

Viertes Kapitel

Die Nachfrageseite

I. Nutzenfunktion und produkttechnischer Fortschritt

1. Die allgemeinen Eigenschaften der Nutzenfunktion und die Bedingungen für die Nutzenmaximierung

a) Allgemeine Eigenschaften der Nutzenfunktion

Wir gehen aus von einer Nutzenfunktion vom Typ

$$U = U(x_1, x_2, \cdots, x_i, \cdots, x_n). \tag{4.1}$$

x_i ($i = 1, 2, \ldots, n$) stellen die Konsumgüter dar, von denen der Nutzen des repräsentativen Konsumenten abhängt. Diese Form der Funktion wurde erstmals von *F. Y. Edgeworth* aufgestellt; für den Zwei-Güter-Fall definiert er die Nutzenfunktion wie folgt: "The utility is regarded as a function of the two variables, not the sum of two functions of each[1]."

Die Nutzenfunktion (4.1) weist folgende Eigenschaften auf:

a) "The preference function has continuous derivatives of first and second order[2]."

b) "Since only more or less comparisons are needed for consumer's behavior and not comparisons of how much more or less, it is only necessary that there exist an *ordinal* preference field[3]." Aus dieser Tatsache zieht *R. G. D. Allen* folgenden Schluß: „Selbst wenn die Nutzenfunktion überhaupt existiert, so ist sie auf keinen Fall eindeutig, und sie kann nur als *Index,* nicht aber als *Maßstab* des individuellen Nutzens dienen[4]."

---

[1] *F. Y. Edgeworth*: Mathematical Psychics. London 1881, S. 104.

P. A. Samuelson gibt einen kurzen Überblick über die historische Entwicklung des Konzepts der Nutzenfunktion. Vgl. *P. A. Samuelson*: Foundations of Economic Analysis. Cambridge (Mass.) 1955, S. 90 ff.

[2] *H. Wold* und *L. Jureen*: Demand Analysis. 2. Auflage, New York 1962 (1. Auflage 1953), S. 83.

[3] *P. A. Samuelson,* a. a. O., S. 93.

[4] *J. R. Hicks* und *R. G. D. Allen,* a. a. O., S. 137.

Aufgrund dieser Eigenschaften ergeben sich folgende Möglichkeiten für die ersten und zweiten Ableitungen der Nutzenfunktion (4.1)[5]:

$$\frac{\partial U}{\partial x_i} = U_i > 0,$$

(4.2) $$\frac{\partial^2 U}{\partial x_i^2} = U_{ii} \gtreqless 0, \qquad \begin{matrix}(i = 1, 2, \cdots, n)\\(j = 1, 2, \cdots, n)\end{matrix}$$

$$\frac{\partial^2 U}{\partial x_i \, \partial x_j} = \frac{\partial^2 U}{\partial x_j \, \partial x_i} = U_{ij} \gtreqless 0.$$

b) Die Bedingungen für die Nutzenmaximierung

Der Konsument versucht seinen Nutzen gemäß der Funktion (4.1) zu maximieren. Er ist hierbei aber der Budgetrestriktion unterworfen: „Ist I das Einkommen eines Subjektes und sind $p_1, p_2, \ldots, p_n$ die Preise von n Gütern, die es kauft, $x_1, x_2, \ldots, x_n$ die gekauften Mengen, dann gilt:

(4.3) $$p_1 \, x_1 + p_2 \, x_2 + \cdots + p_n \, x_n = I.\text{“}$$ [6]

Durch die Einführung dieser Restriktion wird das Problem der Nutzenmaximierung zu einem Maximumproblem mit Nebenbedingung. Um die Bedingungen für das Nutzenmaximum herzuleiten, bilden wir die Lagrange-Form der Funktionen (4.1) und (4.3)[7]:

(4.4) $$L = U(x_1, x_2, \cdots, x_n) - \lambda (p_1 \, x_1 + p_2 \, x_2 + \cdots + p_n \, x_n - I).$$

λ ist hier der unbestimmte Lagrange-Multiplikator.

Die abhängige Variable L wird nun nach x_i ($i = 1, 2, \ldots, n$) und nach

---

[5] Vgl. hierzu: *S. Wu* und *J. A. Pontney*, a. a. O., S. 152.

[6] *E. E. Slutsky*: Zur Theorie des Verbraucherbudgets. In: Preistheorie, Herausgeber: A. E. Ott, Köln—Berlin 1965, S. 90. Statt I schreibt ***Slutsky*** s für das Konsumenteneinkommen.

Original: Sulla teoria del bilancio del consumatore. Giornale degli **Economisti**, Bd. 51 (1915), S. 1—26.

[7] Vgl. für die allgemeine Herleitung der Maximumbedingungen einer Funktion mit Nebenbedingungen mit Hilfe von Lagrange-Funktionen: *P. A. Samuelson*, a. a. O., S. 362 ff.

λ abgeleitet. Da L maximiert werden soll, werden diese Ableitungen gleich Null gesetzt. Wir erhalten[8]:

$$\frac{\partial L}{\partial x_i} = U_i - \lambda p_i = 0 \quad \text{und}$$

$$(4.5) \qquad (i = 1, 2, \cdots, n)$$

$$\frac{\partial L}{\partial \lambda} = \sum_{i=1}^{n} p_i x_i - I = 0 .$$

U_i bezeichnen die partiellen Grenznutzen der Güter x_i ($i = 1,2,\ldots, n$).

Das Gleichungssystem (4.5) kann folgendermaßen geschrieben werden:

$$(4.6) \qquad \frac{U_i}{U_1} = \frac{p_i}{p_1} \quad (i = 1,2,\cdots,n)$$

oder

$$(4.7) \qquad \frac{U_1}{p_1} = \frac{U_2}{p_2} = \cdots = \frac{U_n}{p_n} = \lambda .$$

Die Gleichungssysteme (4.6) und (4.7) entsprechen dem zweiten *Gossen*schen Gesetz vom Ausgleich der Grenznutzen, das *Gossen* wie folgt formuliert: „Der Mensch, dem die Wahl zwischen mehreren Genüssen frei steht, dessen Zeit aber nicht ausreicht, alle vollaus sich zu bereiten, muß, wie verschieden auch die absolute Größe der einzelnen Genüsse sein mag, um die Summe seines Genusses zum Größten zu bringen, bevor er auch nur den größten sich vollaus bereitet, sie alle theilweise bereiten, und zwar in einem solchen Verhältniß, daß die Größe eines jeden Genusses in dem Augenblick, in welchem seine Bereitung abgebrochen wird, bei allen noch die gleiche bleibt[9].“

Um die Maximumbedingung zweiter Ordnung darstellen zu können, müssen wir vorerst die Eigenschaften von quadratischen Formen, die einer Nebenbedingung unterworfen sind, untersuchen[10]. Eine allgemeine quadratische Form hat folgendes Aussehen[11]:

---

[8] Vgl. für die verschiedenen Schreibweisen der ersten Maximumbedingung: *P. A. Samuelson*, a. a. O., S. 98.

[9] *H. H. Gossen*: Entwicklung der Gesetze des menschlichen Verkehrs und der daraus fließenden Regeln für menschliches Handeln. Braunschweig 1854.

Teilabdruck von S. 1 ff., in: *E. Schneider*: Einführung in die Wirtschaftstheorie. IV. Teil, 1. Bd., Tübingen 1962, S. 183.

[10] Eine einfache Herleitung der zweiten Maximumbedingung einer Funktion, die einer Nebenbedingung unterworfen ist, findet sich in *A. C. Chiang*, a. a. O., S. 355 ff.

[11] Vgl. hierzu: *R. G. D. Allen*, a. a. O., S. 491 f.

$$\begin{aligned} y = & a_{11} x_1^2 + a_{12} x_1 x_2 + \cdots + a_{1n} x_1 x_n \\ & + a_{21} x_1 x_2 + a_{22} x_2^2 + \cdots + a_{2n} x_2 x_n \\ & + \cdots\cdots\cdots\cdots\cdots\cdots\cdots\cdots \\ & + a_{n1} x_1 x_n + a_{n2} x_2 x_n + \cdots + a_{nn} x_n^2 . \end{aligned}$$

Die Nebenbedingung lautet:

$$b_1 x_1 + b_2 x_2 + \cdots + b_n x_n = 0 .$$

Für diesen allgemeinen Fall mit n Variablen formuliert *J. R. Hicks* die Bedingungen für den positiven oder negativen Wert der quadratischen Form folgendermaßen: "... the conditions for the quadratic form being definitely positive subject to a linear condition are that the determinants

$$(4.8) \qquad \begin{vmatrix} 0 & b_1 & b_2 \\ b_1 & a_{11} & a_{12} \\ b_2 & a_{12} & a_{22} \end{vmatrix}, \quad \begin{vmatrix} 0 & b_1 & b_2 & b_3 \\ b_1 & a_{11} & a_{12} & a_{13} \\ b_2 & a_{12} & a_{22} & a_{23} \\ b_3 & a_{13} & a_{23} & a_{33} \end{vmatrix}, \quad \begin{vmatrix} 0 & b_1 & b_2 & \cdots b_n \\ b_1 & a_{11} & a_{12} & \cdots a_{1n} \\ b_2 & a_{12} & a_{22} & \cdots a_{2n} \\ \cdot & \cdot & \cdot & \cdot \\ \cdot & \cdot & \cdot & \cdot \\ b_n & a_{1n} & a_{2n} & \cdots a_{nn} \end{vmatrix}$$

should be all *negative* ...; the conditions for its being definitely negative are that the determinants should be alternatively positive and negative[12]."

Die zweite Maximumbedingung einer Funktion mit n unabhängigen Variablen, die einer Nebenbedingung unterworfen ist, kann nun auch als quadratische Form geschrieben werden[13]. Aus der Lagrange-Funktion (4.4) ergibt sich die nachstehende geänderte *Hesse*sche Determinante:

$$(4.9) \qquad \begin{vmatrix} 0 & -p_1 & -p_2 & \cdots & -p_n \\ -p_1 & L_{11} & L_{12} & \cdots & L_{1n} \\ -p_2 & L_{21} & L_{22} & \cdots & L_{2n} \\ \vdots & \vdots & \vdots & \vdots & \vdots \\ -p_n & L_{n1} & L_{n2} & \cdots & L_{nn} \end{vmatrix}$$

---

[12] *J. R. Hicks*: Value and Capital. Oxford 1962 (1. Auflage 1939), S. 304 f.

[13] Vgl. *R. G. D. Allen*, a. a. O., S. 498 ff.

Die Determinante (4.9) enthält die Koeffizienten einer quadratischen Form, da die Symmetrie aufgrund der *Young*schen Regel gegeben ist. Diese Regel besagt, daß $L_{ij} = L_{ji}$ gilt[14].

Weiterhin gilt

$$L_{11} = U_{11}, L_{12} = U_{12}, \cdots, L_{nn} = U_{nn},$$

da bei nochmaliger Differentiation der ersten n Gleichungen der ersten Maximumbedingung (4.5) nach $x_1, x_2, \ldots, x_n$ die Terme $-\lambda p_1, -\lambda p_2, \ldots, -\lambda p_n$ wegfallen.

Die zweite Maximumbedingung ist für die Lagrange-Funktion (4.4) dann erfüllt, wenn d^2L negativ ist, das heißt, wenn die Hauptminoren D_2, D_3, usw. der Determinante (4.9) abwechselnd positiv und negativ sind[15].

2. Nutzenfunktion und Produktdifferenzierung

Wir haben bisher unterschieden zwischen der Menge eines produzierten Produktes x und seiner Qualität q. Es folgt aus dieser Unterscheidung, daß der Nutzen eines Wirtschaftssubjektes ebenfalls von der Menge und der Qualität aller konsumierten Güter abhängig gemacht werden muß.

Wir bezeichnen nun die Menge aller in einer Volkswirtschaft mit Ausnahme des von uns betrachteten Produktionsbereiches hergestellten Güter mit x_1 und die qualitativen Eigenschaften dieser Güter mit q_1. Die Menge der in diesem Produktionsbereich mit Ausnahme der von uns untersuchten Firma produzierten Güter bezeichnen wir mit x_2 und die entsprechende Qualität mit q_2. Das in der von uns betrachteten Firma hergestellte Gut benennen wir mit x_3; die entsprechende Qualität ist q_3. Die Gesamtheit der in einer Volkswirtschaft produzierten Güter ist damit $x_1 + x_2 + x_3$.

Die Berechtigung zur Bildung der Gütergruppen x_1 und x_2 beruht auf dem folgenden Theorem: "*Suppose that within a certain group of*

---

14 Der Beweis der *Youngschen* Regel ist gegeben in: *H. v. Mangoldt* und *K. Knopp*: Einführung in die höhere Mathematik. Zweiter Band, 13. Auflage, Stuttgart 1968, S. 329 ff.

15 Eine Zusammenstellung der ersten und zweiten Maximumbedingung für Funktionen mit Nebenbedingungen findet sich in *A. C. Chiang*, a. a. O., S. 360.

commodities all price changes are proportional. In the theory of consumer demand such a group can be treated as a single commodity[16]." Dies ist der Inhalt des *Leontief-Hicks*-Theorems[17] für aggregierte Gütermengen.

Für einen repräsentativen Konsumenten ergibt sich nun die nachstehende Nutzenfunktion:

$$U = U(x_1, x_2, x_3, q_1, q_2, q_3). \tag{4.10}$$

q_1, q_2 und q_3 spielen in dieser Nutzenfunktion die Rolle von Parametern.

Die allgemeinen analytischen Eigenschaften dieser Funktion sind dieselben wie diejenigen der allgemeinen Nutzenfunktion (4.1).

Die Beziehung (4.10) ist der Budgetrestriktion

$$I = p_1 x_1 + p_2 x_2 + p_3 x_3 \tag{4.11}$$

unterworfen.

Unter Berücksichtigung dieser Restriktion hat der repräsentative Konsument folgende Funktion zu maximieren:

$$L = U(x_1, x_2, x_3, q_1, q_2, q_3) - \lambda(p_1 x_1 + p_2 x_2 + p_3 x_3 - I). \tag{4.12}$$

Die erste Maximumbedingung besagt, daß alle ersten Ableitungen gleich null gesetzt werden müssen:

$$\begin{aligned} \frac{\partial L}{\partial x_1} &= U_1(x_1, x_2, x_3, q_1, q_2, q_3) - \lambda p_1 = 0, \\ \frac{\partial L}{\partial x_2} &= U_2(x_1, x_2, x_3, q_1, q_2, q_3) - \lambda p_2 = 0 \quad \text{und} \\ \frac{\partial L}{\partial x_3} &= U_3(x_1, x_2, x_3, q_1, q_2, q_3) - \lambda p_3 = 0. \\ \frac{\partial L}{\partial \lambda} &= p_1 x_1 + p_2 x_2 + p_3 x_3 - I = 0 \end{aligned} \tag{4.13}$$

---

16 *H. Wold* und *L. Jureen*, a. a. O., S. 109.

17 Vgl. hierzu: *W. Leontief*: Composite Commodities and the Problem of Index Numbers. Econometrica, Bd. 4 (1936), S. 39—59. *J. R. Hicks*: Value and Capital, a. a. O., S. 312 f.

Analog zu den Gleichungssystemen (4.6) und (4.7) kann (4.13) wie folgt geschrieben werden:

$$\frac{U_1}{p_1} = \frac{U_2}{p_2} = \frac{U_3}{p_3} = \lambda \tag{4.14}$$

oder

$$\frac{U_1}{U_2} = \frac{p_1}{p_2}, \quad \frac{U_1}{U_3} = \frac{p_1}{p_3} \quad \text{und} \quad \frac{U_2}{U_3} = \frac{p_2}{p_3}. \tag{4.15}$$

Aufgrund von (4.9) ergibt sich folgende Determinante für die zweite Maximumbedingung:

$$|D| = \begin{vmatrix} 0 & -p_1 & -p_2 & -p_3 \\ -p_1 & U_{11} & U_{12} & U_{13} \\ -p_2 & U_{21} & U_{22} & U_{23} \\ -p_3 & U_{31} & U_{32} & U_{33} \end{vmatrix} < 0. \tag{4.16}$$

3. Nutzenfunktion und neue Produkte

Führt die von uns betrachtete Unternehmung ein neues Produkt y mit dem Preise p_y und der Qualität q_y ein, so sieht sich der Konsument vor die folgende Nutzenfunktion gestellt:

$$L = U(x_1, x_2, x_3, y, q_1, q_2, q_3, q_y) - \lambda(p_1\, x_1 + p_2\, x_2 + p_3\, x_3 + p_y\, y - I). \tag{4.17}$$

Die erste und die zweite Maximumbedingung lassen sich in gleicher Weise wie für die Funktion (4.12) herleiten.

Vor der Einführung des neuen Produkts existierten für x_1, x_2 und x_3 aufgrund der Gleichgewichtsbeziehung (4.14) bestimmte Gleichgewichtsmengen

$$\tilde{x}_1, \tilde{x}_2 \text{ und } \tilde{x}_3.$$

Bei konstantem Konsumenteneinkommen I, gegebenen Güterpreisen und gleichbleibendem λ ergeben sich nun bei Einführung eines neuen Produkts wegen

$$\frac{U_1}{p_1} = \frac{U_2}{p_2} = \frac{U_3}{p_3} = \frac{U_y}{p_y} = \lambda \tag{4.18}$$

neue Gleichgewichtsmengen $\bar{x}_1, \bar{x}_2, \bar{x}_3$ und $\bar{y}$. Da die alten Güter teilweise durch das neue Produkt y substituiert oder verdrängt werden, gilt:

$$\bar{x}_1 \leq \tilde{x}_1, \quad \bar{x}_2 \leq \tilde{x}_2 \quad \text{und} \quad \bar{x}_3 \leq \tilde{x}_3 .$$

$\bar{y}$ stellt die Sättigungsmenge des neuen Produkts y dar.

II. Die statische Nachfragefunktion und Produktdifferenzierung

1. Herleitung der Nachfragefunktion aus der Nutzenfunktion

a) Graphische Erklärung

Ausgangspunkt für die Erklärung der Nachfrageveränderungen bei Differenzierung eines Produkts ist die Gleichgewichtsbeziehung (4.14)

$$\frac{U_1}{p_1} = \frac{U_2}{p_2} = \frac{U_3}{p_3} = \lambda .$$

Im Gleichgewicht werden bestimmte Mengen von x_1, x_2 und x_3 nachgefragt. Differenziert nun die betrachtete Unternehmung ihr Gut x_3 im Sinne einer Qualitätsverbesserung, nehmen bei konstanten Preisen der Nutzen und der Grenznutzen U_3 zu. Die Nachfrage nach x_3 steigt, während diejenige nach x_1 und x_2 zurückgeht.

Die Nutzenzunahme ist definiert durch

$$dU = \frac{\partial U}{\partial q_3} dq_3 , \tag{4.19}$$

wobei $\partial U / \partial q_3 > 0$ ist.

Aufgrund der Beziehungen (1.4) und (1.6) ist die Nutzenzunahme bestimmt durch die Art der Qualitätsvariation:

$$dU = \frac{\partial U}{\partial q_3} \cdot \frac{\partial q_3}{\partial b} [db_1, db_2, \cdots, db_n] . \tag{4.20}$$

Der soeben beschriebene Vorgang kann graphisch dargestellt werden (s. Darstellung 3)[18].

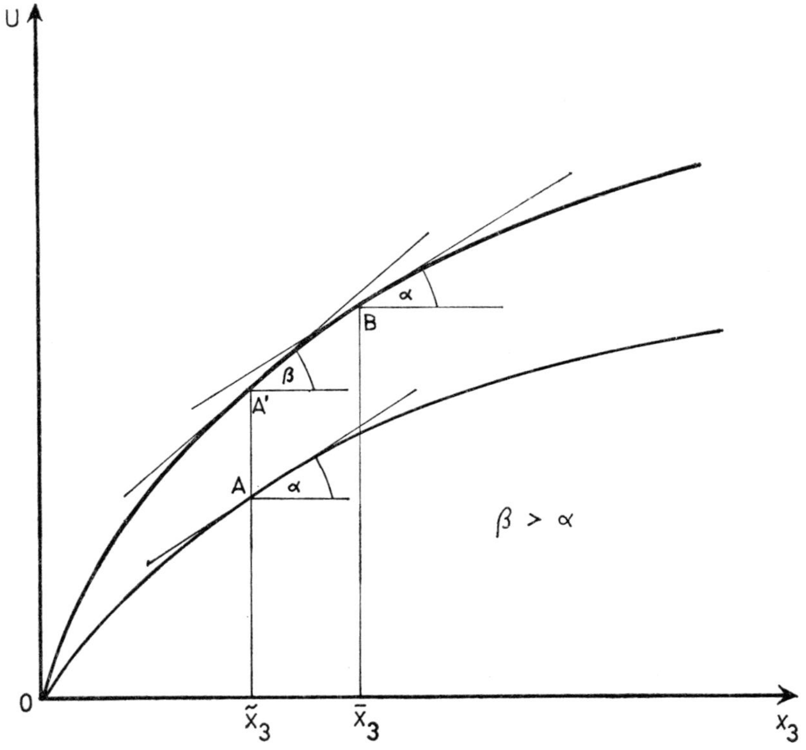

Abb. 3

Durch die Qualitätsverbesserung am Gut x_3 wird die Nutzenfunktion nach oben verschoben. Der Grenznutzen von x_3 ist gestiegen, da die Tangente in Punkt A' stärker ansteigt als diejenige in A. Das Gleichgewicht ist dann wieder hergestellt, wenn die nachgefragte Menge des Gutes x_3 von $\tilde{x}_3$ auf $\bar{x}_3$ gestiegen ist, denn dieser Menge entspricht ein Punkt B auf der Nutzenfunktion in dem die Tangente dieselbe Steigung wie in Punkt A aufweist.

---

18 Diese Darstellung ist analog zu derjenigen, die *S. Wu* und *J. A. Pontney* verwenden, um Präferenzänderungen der Konsumenten darzustellen. Vgl. *S. Wu* und *J. A. Pontney*, a. a. O., S. 32.

b) Analytische Herleitung

Nach dieser allgemeinen Beschreibung des Nachfrageverhaltens gehen wir zur exakten Darstellung der Eigenschaften der Nachfragefunktion über. Ausgangspunkt hierfür ist das Gleichungssystem (4.13), das die Maximumbedingung erster Ordnung darstellt. Aus diesem System ersehen wir, daß die Gütermengen x_1, x_2 und x_3, sowie λ Funktionen der Güterpreise, der Qualitätsparameter und des Konsumenteneinkommens sind.

Für λ ergibt sich die folgende Beziehung:

$$\lambda = \lambda(p_1, p_2, p_3, q_1, q_2, q_3, I) \tag{4.21}$$

Die Nachfragefunktionen werden durch die nachstehenden Gleichungen dargestellt:

$$\begin{aligned} x_1 &= x_1(p_1, p_2, p_3, q_1, q_2, q_3, I), \\ x_2 &= x_2(p_1, p_2, p_3, q_1, q_2, q_3, I) \quad \text{und} \\ x_3 &= x_3(p_1, p_2, p_3, q_1, q_2, q_3, I). \end{aligned} \tag{4.22}$$

Als erstes untersuchen wir den Einfluß einer Veränderung des Qualitätsparameters q_3 auf die Nachfragemenge des Gutes x_3 der von uns untersuchten Unternehmung. Zu diesem Zwecke differenzieren wir das Gleichungssystem (4.13) nach q_3[19]:

$$\begin{aligned} U_{11}\frac{\partial x_1}{\partial q_3} + U_{12}\frac{\partial x_2}{\partial q_3} + U_{13}\frac{\partial x_3}{\partial q_3} - p_1\frac{\partial \lambda}{\partial q_3} &= 0 \\ U_{21}\frac{\partial x_1}{\partial q_3} + U_{22}\frac{\partial x_2}{\partial q_3} + U_{23}\frac{\partial x_3}{\partial q_3} - p_2\frac{\partial \lambda}{\partial q_3} &= 0 \\ U_{31}\frac{\partial x_1}{\partial q_3} + U_{32}\frac{\partial x_2}{\partial q_3} + U_{33}\frac{\partial x_3}{\partial q_3} - p_3\frac{\partial \lambda}{\partial q_3} &= -\frac{\partial U_3}{\partial q_3} \\ -p_1\frac{\partial x_1}{\partial q_3} - p_2\frac{\partial x_2}{\partial q_3} - p_3\frac{\partial x_3}{\partial q_3} \qquad\qquad &= 0 \end{aligned} \tag{4.23}$$

---

[19] Die mathematische Behandlung des Qualitätsparameters q_3 ist analog zu derjenigen des „taste parameter“ bei *Wu* und *Pontney*. Vgl. *S. Wu* und *J. A. Pontney*, a. a. O., S. 54 ff.

Dieses Gleichungssystem kann folgendermaßen dargestellt werden[20]:

$$(4.24)\qquad \begin{vmatrix} U_{11} & U_{12} & U_{13} & -p_1 \\ U_{21} & U_{22} & U_{23} & -p_2 \\ U_{31} & U_{32} & U_{33} & -p_3 \\ -p_1 & -p_2 & -p_3 & 0 \end{vmatrix} \begin{vmatrix} \frac{\partial x_1}{\partial q_3} \\ \frac{\partial x_2}{\partial q_3} \\ \frac{\partial x_3}{\partial q_3} \\ \frac{\partial \lambda}{\partial q_3} \end{vmatrix} = \begin{vmatrix} 0 \\ 0 \\ -\frac{\partial U_3}{\partial q_3} \\ 0 \end{vmatrix}$$

Wie aus (4.23) ersichtlich ist, nehmen wir an, daß eine positive Veränderung von q_3 den Grenznutzen U_3 positiv beeinflußt, U_1 und U_2 dagegen unverändert läßt.

Der gesuchte Ausdruck für $\partial x_3/\partial q_3$, der den Einfluß einer Veränderung des Qualitätsparameters q_3 auf die nachgefragte Menge x_3 angibt, ist aufgrund der *Cramer*schen Regel[21] der folgende:

$$(4.25)\qquad \frac{\partial x_3}{\partial q_3} = \frac{\begin{vmatrix} U_{11} & U_{12} & 0 & -p_1 \\ U_{21} & U_{22} & 0 & -p_2 \\ U_{31} & U_{32} & -U_{3q3} & -p_3 \\ -p_1 & -p_2 & 0 & 0 \end{vmatrix}}{D}$$

D stellt hierbei die Determinante der Koeffizienten in (4.24) dar und entspricht gleichzeitig der Determinante der zweiten Maximumbedingung (4.16). — $\partial U_3/\partial q_3$ ist gleich $-U_{3q3}$ gesetzt worden.

Der Ausdruck (4.25) kann geschrieben werden als:

$$(4.26)\qquad \frac{\partial x_3}{\partial q_3} = \frac{-U_{3q3} \begin{vmatrix} U_{11} & U_{12} & -p_1 \\ U_{21} & U_{22} & -p_2 \\ -p_1 & -p_2 & 0 \end{vmatrix}}{D} = -U_{3q3} \frac{D_{33}}{D}$$

---

[20] Vgl. zu dieser Art der Darstellung: *A. C. Chiang*, a. a. O., S. 365 ff.

[21] Zum Inhalt dieser Regel vgl.: *J. Johnston*: Econometric Methods. New York 1963, S. 84 f.

Die Bedingungen für das Bestehen des Nutzenmaximums besagen, daß D negativ, die Determinante im Zähler von (4.26) dagegen positiv ist. Da voraussetzungsgemäß U_{3q_3} positiv ist, ergeben sich im Zähler und im Nenner negative Ausdrucke. Daraus folgt, daß $\partial x_3/\partial q_3$ positiv ist.

Wir nehmen nun an, daß die von uns betrachtete Unternehmung *kurzfristig* ihre Produktionskapazität nicht erhöhen kann, da die bestehenden Kapazitäten voll ausgelastet sind. Dann ist die einzige Möglichkeit, der Mehrnachfrage zu begegnen eine Preiserhöhung. Um die Auswirkung einer Änderung von p_3 auf x_3 darstellen zu können, differenzieren wir das Gleichungssystem (4.13) nach p_3. Dies ergibt die nachstehenden Beziehungen:

$$(4.27)\qquad \begin{vmatrix} U_{11} & U_{12} & U_{13} & -p_1 \\ U_{21} & U_{22} & U_{23} & -p_2 \\ U_{31} & U_{32} & U_{33} & -p_3 \\ -p_1 & -p_2 & -p_3 & 0 \end{vmatrix} \begin{vmatrix} \frac{\partial x_1}{\partial p_3} \\ \frac{\partial x_2}{\partial p_3} \\ \frac{\partial x_3}{\partial p_3} \\ \frac{\partial \lambda}{\partial p_3} \end{vmatrix} = \begin{vmatrix} 0 \\ 0 \\ \lambda \\ x_3 \end{vmatrix}$$

Durch Anwendung der *Cramer*schen Regel erhalten wir für $\partial x_3/\partial p_3$:

$$(4.28)\qquad \frac{\partial x_3}{\partial p_3} = \lambda \frac{D_{33}}{D} - x_3 \frac{D_{43}}{D}.$$

E. E. Slutsky bezeichnet den Term λ (D_{33}/D) als die „residuale Variabilität eines Gutes"[22] und $-x_3$ (D_{43}/D) als die „kompensierte Veränderung des Preises"[23].

J. R. Hicks nennt den ersten Ausdruck in Gl. (4.28) "substitution effect", den zweiten "income effect"[24].

Der Substitutionseffekt ist sicher negativ, da die Hauptminoren D_{33} und D gemäß den Bedingungen für die Nutzenmaximierung entgegengesetzte Vorzeichen haben müssen. Der Einkommenseffekt $-x_3$ (D_{43}/D) ist bei einer Preiserhöhung im Normalfall negativ[25]. $\partial x_3/\partial p_3$ ist damit negativ.

---

[22] *E. E. Slutsky*, a. a. O., S. 102.
[23] Ebenda, S. 102.
[24] *J. R. Hicks*: Value and Capital, a. a. O., S. 309.
[25] Ebenda, S. 27 ff.

Damit nun die Absatzmenge x_3 konstant bleibt, muß die Erhöhung von x_3, bewirkt durch dq_3, der Abnahme von x_3, bewirkt durch dp_3, entsprechen. Die Bedingung hiefür ist:

$$\frac{\partial x_3}{\partial q_3} dq_3 = -\frac{\partial x_3}{\partial p_3} dp_3.$$

Durch Erweitern dieser Beziehung mit $(p_3/x_3)q_3$ und entsprechender Anordnung erhalten wir:

$$dp_3 = -\frac{\varepsilon_{3q3}}{\varepsilon_3} \cdot \frac{p_3}{q_3} dq_3. \tag{4.29}$$

ε_3 = Preiselastizität der Nachfrage und ε_{3q3} = Qualitätselastizität der Nachfrage.

Wird also die Qualität von x_3 um dq_3 erhöht, so ist diejenige Preiserhöhung, die den Output konstant hält, durch (4.29) gegeben.

Die Elastizität des Preises in bezug auf Qualitätsveränderungen ε_{p3q3} ist bei konstantem Output $\overline{x}_3$:

$$\varepsilon_{p3q3} = -\frac{\varepsilon_{3q3}}{\varepsilon_3}. \tag{4.30}$$

2. Erklärung des Outputzuwachses bewirkt durch Qualitätsänderungen

Wir haben festgestellt, daß bei einer qualitativen Verbesserung des Gutes x_3 um dq_3 bei konstanter Absatzmenge der Preis p_3 erhöht werden kann. Gemäß der Beziehung (3.5) bedeutet dies aber auch, daß der Gesamtoutput der betreffenden Unternehmung um

$$dX_3 = \frac{\partial X_3}{\partial q_3} dq_3 \tag{3.5}$$

erhöht wird, da ja $dx_3 = 0$ ist.

Um $\partial X_3/\partial p_3$ zu präzisieren, gehen wir aus von einer Annahme, die von *H. Theil* und *H. S. Houthakker* zur Behandlung des Qualitätsproblems getroffen wurde.

H. Theil macht die folgende Annahme: "... we... use the average price paid... as 'quality indicator' of the set of qualities bought[26]."

H. Houthakker sagt zu diesem Problem das folgende: "... the i-th commodity will be described by two variables: physical quantity x_i and quality v_i. The later number, which indicates the variety bought, is defined as the price per unit of that variety under some basic price system; ... We restrict our theory to price changes which cause the cost of this consumption (x_i, v_i) to become $x_i\ (a_i + b_i v_i)$ where a_i and b_i are constants ($b_i > 0$; $a_i + b_i v_i > 0$ for all v_i), to be called the *quantity price* and the *quality price* respectively[27]."

Der Preis dient somit als Qualitätsindikator. $\partial X_3/\partial q_3$ kann damit durch dp_3/dp_3 ersetzt werden. Aufgrund von Gleichung (4.29) können wir nun schreiben[28]:

(4.31)
$$\frac{\partial X_3}{\partial q_3} = \frac{dp_3}{dq_3} = -\frac{\varepsilon_{3q3}}{\varepsilon_3} \cdot \frac{p_3}{q_3}.$$

$\partial X/\partial q_3$ ist damit nur von Größen abhängig, die durch die Nachfrage und durch die Unternehmung bestimmt werden.

III. Die dynamische Nachfragefunktion und die Einführung neuer Produkte

1. Die kurzfristige Nachfragefunktion

Wir nehmen an, daß die Nachfrage nach einem neuen Produkt in jedem Zeitpunkt in erster Linie vom Preis p, der Qualität des Gutes und vom Neuheitseffekt abhängt.

Der Preis eines neuen Gutes ist bei der Einführung des Produktes hoch. Die Gründe hierfür sind das knappe Angebot und der Neuheits-

---

26 *H. Theil*, a. a. O., S. 130.

27 *H. S. Houthakker*, a. a. O., S. 156.

28 *E. v. Hofsten* hat eine Maßzahl für die Qualitätsmessung entwickelt, die ganz auf den Nachfragewirkungen einer Qualitätsänderung aufbaut:

$$g = \frac{\bar{p}^b}{p_0^a}.$$

p_0^a ist der Preis eines Gutes a im Zeitpunkt 0; $\bar{p}^b$ ist derjenige Preis eines Gutes b bei dem der Konsument gegenüber den beiden Gütern gerade indifferent ist. b ist dabei eine Variation von a. g ist damit ebenso wie $\partial X/\partial q$ durch die subjektiven Wertschätzungen der Käufer bestimmt. Vgl. hierzu: *E. v. Hofsten*: Price Indexes and Quality Changes. Stockholm 1952, S. 94 f.

effekt. Mit zunehmendem Angebot und abnehmender Wirkung des Neuheitseffekts sinkt der Preis.

Andrerseits tendieren in entwickelten Volkswirtschaften alle Preise zum Steigen. Weil sich je nach dem Überwiegen der ersten oder der zweiten Komponente verschiedene Preisentwicklungen ergeben, ist anzunehmen, daß die Konsumenten Spekulationen über die Preisentwicklung des neuen Produktes anstellen. Dieser Hang zur Spekulation wird noch durch die Tatsache verstärkt, daß die Unternehmungen entweder eine Politik des hohen Einführungspreises eines neuen Produkts (skimming price policy) oder eine solche des niedrigen Einführungspreises (penetration price policy) betreiben[29].

Dieses spekulative Element muß nun in der Nachfragefunktion berücksichtigt werden. Das kann durch die Einführung der Ableitung des Preises nach der Zeit $\dot{p}$ in diese Funktion geschehen[30]. Die Nachfragefunktion hat dann folgendes Aussehen:

$$y(t) = f(N, p, \dot{p}) . \tag{4.32}$$

N = Neuheitswerbestock, p = Preis und $\dot{p}$ = Ableitung des Preises nach der Zeit.

Um das Problem zu vereinfachen, ist für Beziehung (4.32) angenommen worden, daß die Qualität q des neuen Produktes während der Einführungsperiode t_0—t_1 nicht bedeutsam verändert werde und deshalb vernachlässigt werden kann.

Wenn das neue Produkt seine Sättigungsmenge $\bar{y}$ erreicht, die Einführungsperiode also abgeschlossen ist, strebt $N(t)$ gegen Null. Der Unternehmer wird dann versuchen, sein Produkt qualitativ zu verändern, um den erreichten Marktanteil desselben halten zu können. Die Nachfragefunktion ist dann während einer Planungsperiode t_1—t_2:

$$y(t) = f(p, q, \dot{p}) . \tag{4.33}$$

---

[29] Siehe zur Preissetzung von neuen Produkten:
A. Gabor und *C. Granger*: The Pricing of New Products. Scientific Business, Jg. 1965, S. 141.

[30] Mit einer Nachfragefunktion, die $\dot{p}$ enthält hat *G. C. Evans* als erster gearbeitet. Wir werden auf sein Modell in Abschnitt II des 6. Kapitels eingehen.
G. C. Evans: Mathematical Introduction to Economics. New York 1930, S. 143—153.

2. Der langfristige Nachfrageverlauf neuer Produkte

Die logistische Kurve ist in hohem Maße geeignet, Wachstumsprozesse darzustellen. Im besonderen wird sie verwendet, um das Bevölkerungswachstum über längere Zeiträume hinweg zu beschreiben. Es ist nicht erstaunlich, daß diese Kurve, vor allem ihrer rechnerischen Einfachheit wegen, auch der Darstellung des Wachstums der Nachfrage nach neuen Produkten dient. Bereits im Jahre 1934 hat aber *C. F. Roos* festgestellt, "that it is not surprising that some attempts to fit logistics to demand for new products have been unfruitful"[31].

Ausgehend von der Differentialgleichung für die logistische Kurve[32]

$$\frac{dy}{dt} = ry\left(1 - \frac{y}{\bar{y}}\right) \qquad (r = \text{Wachstumsrate von } y)$$

stellt er fest, daß diese Gleichung zu wenig flexibel sei, und zwar aus folgenden Gründen: " $\bar{y}$ depends upon many economic and technological factors variable in time. The quantity *r* may also depend on various economic factors[33]." *Roos* schlägt deshalb vor, folgende Gleichung zu verwenden[34]:

$$\frac{dy}{dt} = ry\left[1 - \frac{y}{\bar{y}(t)}\right].$$

Die Kurve kann jedoch noch flexibler gestaltet werden, um jede Art des Wachstums zu beschreiben. *Roos* gibt z. B. noch die folgende Variante an[35]:

$$\frac{dy}{dt} = r(y + by^2 + cy^3)\left[1 - \frac{y}{\bar{y}}\right]^d.$$

Diese verschiedenen Formen der logistischen Kurve zeigen, daß diese Kurve die verschiedensten Wachstumsverläufe zu beschreiben vermag. Für die Beschreibung des Wachstums der Nachfrage nach neuen Produkten hat sie deshalb eine große Bedeutung.

---

[31] *C. F. Roos*: Dynamic Economics. Bloomington (Ind.) 1934, S. 113.

[32] Wir verwenden hier dieselbe Schreibweise wie *R. G. D. Allen*, a. a. O., S. 419.
Roos schreibt: $dy/dt = ry\,(\bar{y} - y)$.

[33] *C. F. Roos*, a. a. O., S. 113.

[34] Ebenda, S. 113.

[35] Ebenda, S. 112.

A. D. Bain hat andrerseits vorgeschlagen, die kumulative Dichtefunktion der lognormalen Verteilung als Wachstumskurve zu verwenden[36]. Diese Kurve ist ebenso flexibel wie eine modifizierte logistische Kurve. Vom ökonometrischen Standpunkt aus ist sie wahrscheinlich der logistischen Kurve vorzuziehen, weil der Kurvenverlauf nur durch zwei Variable (Mittelwert und Streuung) gekennzeichnet wird. Es ist dann verhältnismäßig einfach, den Einfluß von ökonomischen Variablen auf diese beiden Größen festzustellen.

J. Duesenberry nimmt an, daß die Wachstumskurve eines neuen Produkts durch einen "selfgenerating shift in preferences"[37] bestimmt werde. Die Präferenzfunktion ist die folgende[38]:

$$x_k = a \cdot P_y + b\,.$$

x_k = kritische Einkommenshöhe, bei der die Bezieher dieses Einkommens das neue Produkt gerade noch kaufen und P_y = Preis des neuen Produkts.

Wird a kleiner, so sinkt das kritische Einkommen und die Nachfrage nach dem neuen Produkt steigt. Der Parameter a wird in eine funktionale Beziehung zur Nachfrage der Vorperiode gesetzt:

$$a(t) = \alpha\, Y(t-1) + \beta\,.$$

Bei Annahme einer rechteckigen Einkommensverteilung mit gleichbleibender Häufigkeit K und einem höchsten Einkommen T ist die Nachfragemenge nach dem neuen Produkt im Zeitpunkt t die folgende:

$$Y(t) = K\,[T - (\alpha\, Y_{t-1} + \beta)\, P_y - b]\,.$$

Die Lösung dieser Differenzengleichung lautet:

$$Y(t) = [K\,\alpha\, P_y\, e^{t[\log(-K\alpha P_y)]} + 1]\; K(T - b - \beta\, P_y)/(1 + K\,\alpha\, P_y)\,.$$

[36] *A. D. Bain*: The Growth of Television Ownership in the United Kingdom since the War. Cambridge 1964.

[37] *J. Duesenberry*, a. a. O., S. 105.

[38] Vgl. für die Darstellung des Modells: Ebenda, S. 104 ff.

$Y(t)$ nähert sich also asymptotisch dem Sättigungsniveau

$$K(T - b - \beta P_y)/(1 + K \alpha P_y).$$

Bei Einführung einer glockenförmigen Einkommensverteilungskurve würde nach *Duesenberry* eine Art logistischer Kurve entstehen.

Wir nehmen nun an, daß die Häufigkeitsverteilung der Einkommen $h(t)$ diese Form aufweise. Weiter sei angenommen, daß der Preis $p(t)$ in der Zeit abnehme. Wir haben bereits im vorigen Abschnitt III. 1 erwähnt, daß der Grund hierfür der abnehmende Neuheitseffekt und das zunehmende Angebot sei. Mit abnehmendem Preis entschließen sich nun immer neue Einkommensschichten zum Kauf den neuen Produkts. Die Veränderung des „kritischen Einkommens" bei dem das neue Produkt gerade noch gekauft wird, ist also von der Veränderungsrate des Preises abhängig:

$$I(t) = I_M \, e^{-bkt}.$$

$I(t)$ = kritisches Einkommen im Zeitpunkt t, I_M = höchstes Einkommen, k = Veränderungsrate des Preises und bk Veränderungsrate des kritischen Einkommens. ($b > 0$ und $k > 0$).

In jedem Zeitpunkt ist deshalb das kritische kaufbereite Einkommen gegeben durch:

$$h(t) \, I(t).$$

Der Anteil am Konsumenteneinkommen, der in jedem Zeitpunkt für das neue Produkt aufgewendet wird, sei $a(t)$. Aufgrund des Demonstrations- und des Mitläufereffektes ist $a(t)$ abhängig von der gekauften Menge des neuen Produktes:

$$a(t) = \bar{a} + g \, y(t).$$

Definitionsgemäß können wir mit Hilfe der obigen Beziehungen die Veränderungen der Absatzmenge eines neuen Produkts y folgendermaßen schreiben:

(4.34) $$\frac{dy}{dt} = \frac{[\bar{a} + g \, y(t)] \, h(t) \, I(t)}{p(t)}.$$

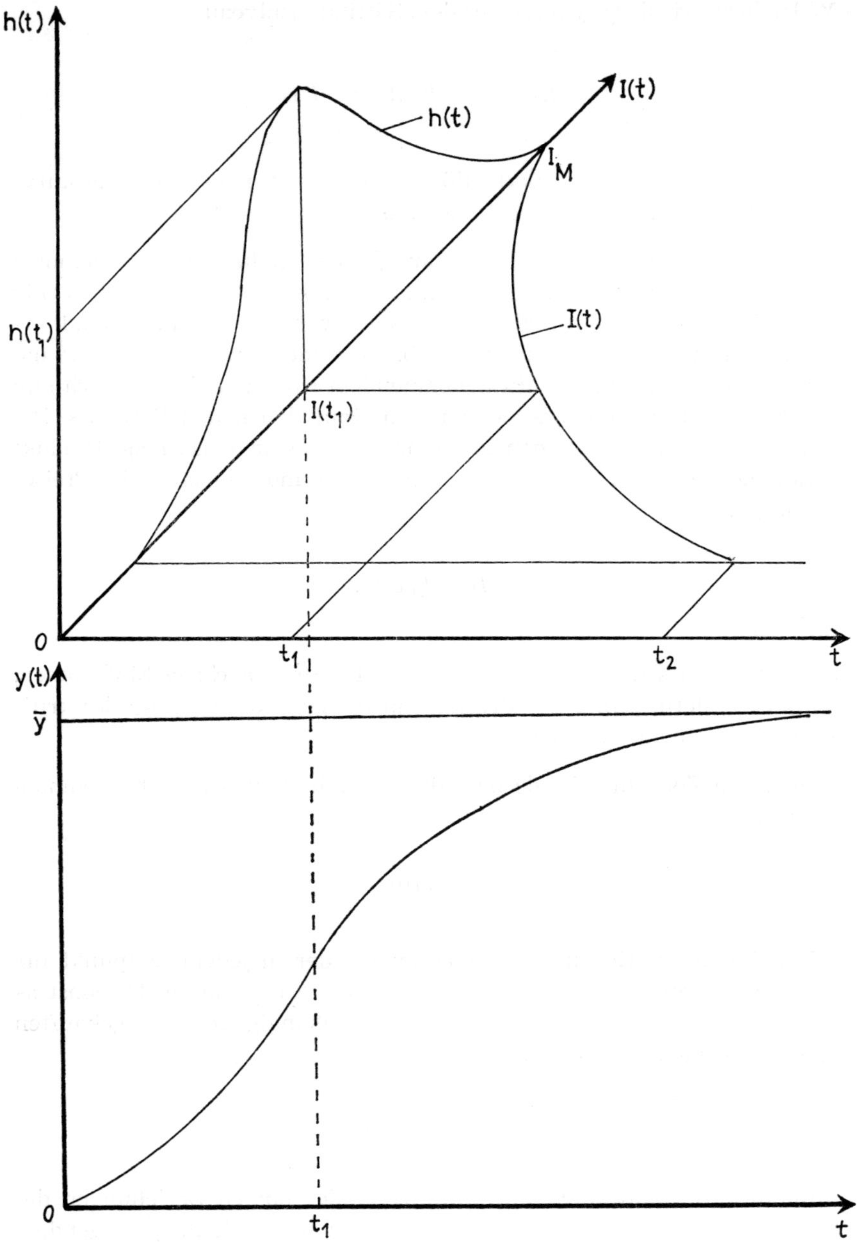

Abb. 4

Bezeichnen wir $h(t)I(t)/p(t)$ mit $F(t)$ kann die obige Gleichung folgendermaßen geschrieben werden:

$$dy - [g\,F(t)\,y(t) + \bar{a}\,F(t)]\,dt = 0\,.$$

Die Lösung dieser Differentialgleichung ist[39]:

$$y(t) = e^{\int gF(t)\,dt}\,[c + \int \bar{a}F(t)\,e^{-\int gF(t)\,dt}\,dt] \tag{4.35}$$

Ohne die Integration weiter durchzuführen, können wir aufgrund des Verlaufs von $h(t)$ Aussagen über den Verlauf von Funktion (4.35) machen. Graphik 4 diene dabei als Erläuterung.

Im Zeitpunkt $t_0 = 0$ ist $h(t)$ gleich Null. Damit ist auch dy/dt gleich Null. Im Zeitpunkt t_2 gilt dasselbe. Dazwischen liegt ein Zeitpunkt t_1 bei dem dy/dt maximal wird.

Aufgrund dieses Verlaufs von dy/dt ergibt sich, daß $y(t)$ zwischen $t_0 = 0$ und t_2 eine der logistischen Kurve ähnliche Form aufweist. $y(t)$ kann damit durch eine logistische Kurve befriedigend angenähert werden.

---

[39] Vgl. zur allgemeinen Lösungsformel: *A. C. Chiang*, a. a. O., S. 438.

DRITTER TEIL

Die Determinierung des Profits durch das Zusammenwirken von Angebot und Nachfrage

Fünftes Kapitel

Die Profitbestimmung bei Produktdifferenzierung

I. Die Lösung von R. Dorfman und P. O. Steiner

R. Dorfman und *P. O. Steiner* untersuchen die Auswirkungen von Werbung und Qualitätsänderungen auf den Profit. Wie wir bereits erwähnten stellt die explizite Einführung von Werbung und Qualität in die Nachfrage- und Kostenfunktionen unserer Ansicht nach einen wesentlichen Fortschritt gegenüber der Analyse *H. v. Stackelbergs* dar[1]. (Vgl. hierzu die Abschnitte II. 1 und II. 2 des 3. Kapitels dieser Arbeit).

Die Ausführungen der beiden genannten Autoren bilden die Grundlage für unsere weitere Analyse des Problems der Profitmaximierung bei produkttechnischem Fortschritt. Wir gehen deshalb näher auf ihre Arbeit ein[2].

Dorfman-Steiner gehen aus von der folgenden Nachfragefunktion:

$$q = f(p, s) . \tag{5.1}$$

q = verkaufte Menge, p = Produktpreis und s = Werbeausgaben.

Um die Auswirkungen der Werbung und der dadurch möglichen Preisänderungen auf den Profit zu untersuchen, wird die Quantität des Gutes q konstant gehalten.

---

[1] Der Ansatz *H. v. Stackelbergs* zur Behandlung des Qualitätsproblems steht im Gegensatz zu demjenigen der angelsächsisch-skandinavischen Schule, der auch *Dorfman-Steiner* angehören. Für eine dogmengeschichtliche Darstellung des Problems der Werbung und der Qualitätsvariation vgl.:
D. Nöh: Reklamepolitik und Produktvariation in der Preistheorie. Eine dogmenkritische Analyse. Frankfurter Dissertation 1957.

[2] Vgl. für das folgende: *R. Dorfman* und *P. O. Steiner*, a. a. O., S. 826—836.

Die Bildung des totalen Differentials von Gl. (5.1)

$$dq = \frac{\partial f}{\partial p} dp + \frac{\partial f}{\partial s} ds = 0 \tag{5.2}$$

und die Auflösung dieses Ausdrucks nach *dp* ergibt die Bestimmungsgründe für die Größe einer möglichen Preisänderung bei Änderung der Werbeausgaben um *ds*:

$$dp \overset{!}{=} -\frac{\partial f/\partial s}{\partial f/\partial p} ds. \tag{5.3}$$

$q \cdot dp$ bezeichnet die Auswirkung der Veränderung der Werbeausgaben auf den Ertrag, während *ds* zusätzliche Kosten bedeutet. Die Profitbeziehung ist deshalb die folgende:

$$q \cdot dp - ds. \tag{5.4}$$

Unter Berücksichtigung von Gl. (5.3) ergibt sich für die Beziehung (5.4):

$$q \cdot dp - ds = q \left[-\frac{\partial f/\partial s}{\partial f/\partial p} \right] ds - ds$$

oder

$$q \cdot dp - ds = -\left[q \frac{\partial f/\partial s}{\partial f/\partial p} + 1 \right] ds. \tag{5.5}$$

Dorfman-Steiner betrachten bei der Untersuchung der Bedingungen für das Profitmaximum in bezug auf die Werbeausgaben zwei Fälle:

a) die ursprünglichen Werbeausgaben sind eine positive Größe und

b) sie sind anfänglich gleich Null.

Die beiden Autoren folgern nun aus der Beziehung (5.5): "... we have a *necessary* condition for profit maximization at any level of output ...:

$$q \frac{\partial f/\partial s}{\partial f/\partial p} + 1 \begin{cases} = 0 \text{ if } s > 0, \\ \geqq 0 \text{ if } s = 0 \end{cases} \tag{5.6}$$

"[3]

[3] *R. Dorfman* und *P. O. Steiner*, a. a. O., S. 828.

Unter Berücksichtigung der Definitionen der Nachfrageelastizität

$$\eta = -\frac{p}{q} \cdot \frac{\partial f}{\partial p}$$

und des Wertgrenzprodukts der Werbung

$$\mu = p \frac{\partial f}{\partial s}$$

ergibt sich für (5.6):

$$(5.7) \qquad -q \frac{\mu/p}{(q/p)\,\eta} + 1 \begin{cases} = 0, \text{ wenn } s > 0, \\ \geqq 0, \text{ wenn } s = 0. \end{cases}$$

Durch Kürzen und Auflösen erhält man die *Dorfman-Steiner*sche Bedingung für die Profitmaximierung bei Variation der Werbeausgaben:

$$(5.8) \qquad \begin{aligned} &\mu = \eta, \text{ wenn } s > 0 \quad \text{und} \\ &\mu \leqq \eta, \text{ wenn } s = 0. \end{aligned}$$

"A firm which can influence the demand for its product by advertising will, in order to maximize its profits, choose the advertising budget and price such that the increase in gross revenue resulting from a one dollar increase in advertising expenditure is equal to the ordinary elasticity of demand for the firms product[4]."

Als nächstes untersuchen *Dorfman-Steiner* die Beziehungen zwischen Qualität und Preis[5]. Ausgangspunkt hierfür ist die folgende Feststellung: "By quality improvement we mean any alteration in quality which shifts the demand curve to the right over the relevant range *and* raises the curve of average variable costs[6]."

---

[4] *R. Dorfman* und *P. O. Steiner*, a. a. O., S. 826.

[5] Ebenda, S. 831 ff.

[6] Ebenda, S. 831.

Die Nachfragefunktion ist nun die folgende:

(5.9) $$q = f(p, x).$$

Die Durchschnittskostenfunktion hat folgendes Aussehen:

(5.10) $$c = c(q, x).$$

q = produzierte Menge pro Zeiteinheit, x = Qualitätsindex und c = Durchschnittskosten.

Um die Auswirkung einer Qualitätsänderung dx auf den Profit bei q = const. feststellen zu können, muß der Einfluß dieser Änderung auf den Ertrag ($q \cdot dp$) und auf die Kosten ($q \cdot dc$) untersucht werden. Analog zur Beziehung (5.4) ergibt sich:

(5.11) $$q \cdot dp - q \cdot dc.$$

Die Gleichungen (5.9) und (5.10) total differenziert ergibt:

(5.12) $$dq = \frac{\partial f}{\partial p} dp + \frac{\partial f}{\partial x} dx \quad \text{und}$$

(5.13) $$dc = \frac{\partial c}{\partial q} dq + \frac{\partial c}{\partial x} dx.$$

Da dq gleich Null ist, erhält man für dp und dc:

(5.14) $$dp = -\frac{\partial f / \partial x}{\partial f / \partial p} dx \quad \text{und}$$

(5.15) $$dc = \frac{\partial c}{\partial x} dx.$$

Die beiden letzteren Ausdrücke (5.14) und (5.15) in (5.11) eingesetzt, ergibt die folgende Beziehung:

(5.16) $$q \cdot dp - q \cdot dc = -q \left[\frac{\partial f / \partial x}{\partial f / \partial p} + \frac{\partial c}{\partial x} \right] dx.$$

"... the condition for profit maximizing equilibrium is found to be that the quantity in paranthesis is zero, or:

(5.17) $$-\frac{\partial f}{\partial p}=\frac{\partial f/\partial x}{\partial c/\partial x}."[7]$$

Um in dieser Optimumbedingung die Veränderung der Nachfrage aufgrund der Qualitätsvariation und der dadurch notwendigen Preisänderung vergleichen zu können, definieren *Dorfman-Steiner* die Elastizität der Nachfrage in bezug auf Variationen der Qualität folgendermaßen[8]:

(5.18) $$\eta_c=\frac{c}{q}\cdot\frac{\partial f/\partial x}{\partial c/\partial x}.$$

Werden in Beziehung (5.17) beide Seiten mit p/q erweitert und der Ausdruck auf der rechten Seite mit c/c multipliziert, ergibt sich:

(5.19) $$-\frac{p}{q}\frac{\partial f}{\partial p}=\frac{p}{c}\frac{c}{q}\frac{\partial f/\partial x}{\partial c/\partial x}.$$

Bezeichnet man die Preiselastizität der Nachfrage mit η, wird Gleichung (5.19) zu:

(5.20) $$\eta=\frac{p}{c}\eta_c.$$

Sollen schließlich Werbung, Qualität und Preis gleichzeitig optimal sein, so gilt bei Unabhängigkeit der Variablen:

(5.21) $$\mu=\eta=\frac{p}{c}\eta_c.$$

Es werden in dieser Beziehung (5.21) die Gleichungen (5.8) und (5.20) berücksichtigt.

II. Versuch einer Lösung auf Grund der Eigenschaften der Nutzenfunktion

Das Vorgehen zur Bestimmung der Bedingungen für die Profitmaximierung ist das folgende: Ein erster Schritt führt zu Bedingungen für ein Profitmaximum in Ausdrücken der Nachfrage- und der Kostenfunk-

[7] *R. Dorfman* und *P. O. Steiner*, a. a. O., S. 832.

[8] Ebenda, S. 833.

tion. Da die Nachfragefunktion aus der Nutzenfunktion hergeleitet wird, seien in einem zweiten Schritt die oben genannten Maximumbedingungen in Ausdrücken der Nutzenfunktion dargestellt.

1. Betrachtung einer Unternehmung unter Vernachlässigung von Reaktionen der Konkurrenten

Wir haben festgestellt, daß aufgrund der Nutzenfunktion die Nachfrage eine Funktion der Konsumgüterpreise, der Qualitätsstandards dieser Güter und des Konsumenteneinkommens ist:

(4.22) $$x_3 = x_3(p_1, p_2, p_3, q_1, q_2, q_3, I).$$

Unter der Annahme, daß Preise und Qualitäten aller andern Güter, sowie das Einkommen I konstant bleiben, kann der Produzent des Gutes x_3 folgende Nachfragefunktion aufstellen:

(5.22) $$x_3 = x_3(p_3, q_3).$$

Diese Beziehung entspricht formell den Nachfragefunktionen von *Dorfman-Steiner* (vgl. die Beziehungen 5.1 und 5.9). Es ist aber zu beachten, daß der Qualitätsparameter q_3 eine allgemeinere Bedeutung als derjenige in Funktion (5.9) hat. In q_3 sind materielle *und* immaterielle Produkteigenschaften enthalten. Zum Beispiel wirkt die Werbung auf immaterielle Eigenschaften des Produkts, wie Grad der Bekanntheit oder Image. Somit kann eine Veränderung von q_3 sowohl durch Veränderungen am Produkt selber als auch durch Werbung erfolgen. Aufgrund des eben Gesagten ergibt sich, daß q_3 die Parameter x und s von *Dorfman-Steiner* zusammenfaßt.

Bei der Untersuchung des Einflusses von Qualitätsänderungen auf den Preis anhand der Nutzenfunktion (Abschnitt II. 1. b des 4. Kapitels) haben wir die Menge x_3 als konstant angenommen. Wir machen deshalb diese Annahme auch für die nachfolgende Analyse.

Um die Bedingungen für die Profitmaximierung darstellen zu können, gehen wir aus von der Tatsache, daß der Profit die Differenz zwischen Erträgen und Gesamtkosten darstellt[9]:

(5.23) $$P = x_3 \cdot p_3 - C.$$

---

[9] Vgl. zu diesem Ansatz: *J. M. Henderson* und *R. Quandt*, a. a. O., S. 53.

Unter Berücksichtigung von Gl. (5.22) und von Gl. (3.8) ergibt sich[10]:

$$P = x_3(p_3, q_3) \cdot p_3 - C(x_3, q_3). \tag{5.24}$$

Diese Gleichung wird total differenziert, um die Auswirkung von dq_3 auf dP darstellen zu können[11]:

$$dP = dx_3 \cdot p_3 + dp_3 \cdot x_3 - \left(\frac{\partial C}{\partial x_3} dx_3 + \frac{\partial C}{\partial q_3} dq_3\right).$$

Unter Berücksichtigung von

$$dx_3 = \frac{\partial x_3}{\partial p_3} dp_3 + \frac{\partial x_3}{\partial q_3} dq_3 = 0$$

erhalten wir:

$$dP = x_3 \left[-\frac{\partial x_3/\partial q_3}{\partial x_3/\partial p_3} dq_3\right] - \frac{\partial C}{\partial q_3} dq_3 \quad \text{oder} \tag{5.25}$$

$$dP = x_3 \left[-\frac{\partial x_3/\partial q_3}{\partial x_3/\partial p_3} - \frac{\partial C/\partial q_3}{x_3}\right] dq_3. \tag{5.26}$$

Den linken Term im Klammerausdruck von Gl. (5.26) mit p_3/x_3 erweitert ergibt uns für diese Beziehung:

$$dP = x_3 \left[-\frac{\frac{p_3}{x_3}\frac{\partial x_3}{\partial q_3}}{\frac{\partial x_3}{\partial p_3}\frac{p_3}{x_3}} - \frac{\partial C/\partial q_3}{x_3}\right] dq_3$$

oder

$$dP = \left(-\frac{1}{\varepsilon_3} p_3 \frac{\partial x_3}{\partial q_3} - \frac{\partial C}{\partial q_3}\right) dq_3. \tag{5.27}$$

Diese Beziehung zeigt, daß der aufgrund der Qualitätsänderung erzielbare Profit umso größer ist, je höher der Monopolgrad $\left(-\frac{1}{\varepsilon_3}\right)$ und das Wertgrenzprodukt der Qualitätsänderung $v_1 = p_3(\partial x_3/\partial q_3)$ sind. Die Qualitätsgrenzkosten $\partial C/\partial p_3$ wirken sich negativ auf den Profit aus.

---

[10] Siehe ebenda, S. 53.

[11] Vgl. hierzu das Verfahren für die Herleitung der Bedingungen für die Profitmaximierung bei Qualitätsänderungen, das in den Beziehungen (5.11) — (5.17) dargestellt ist.

Das Profitmaximum ist dann erreicht, wenn der Klammerausdruck in Gleichung (5.27) gleich Null wird, wenn also

$$\mu \cdot v_1 = \frac{\partial C}{\partial q_3} \tag{5.28}$$

gilt.

Diese Beziehung entspricht genau derjenigen von *Dorfman-Steiner* für die optimalen Werbeausgaben (Gl. 5.8), da sowohl dC als auch dq_3 gleich ds sind und folglich $\partial C/\partial q_3$ gleich eins ist. dq_3 ist aber nicht nur wie bei *Dorfman-Steiner* durch die Höhe der Veränderung der Werbeausgaben bestimmt, sondern auch durch die Art dieser Ausgaben. So ist es z. B. nicht gleichgültig, ob die Ausgaben für Zeitungswerbung oder diejenigen für Fernsehwerbung verändert werden.

Im Falle einer Qualitätsänderung am Gut selber wird $\partial C/\partial q_3$ sehr wahrscheinlich einen Wert von ungleich eins annehmen.

Die Maximumbedingung (5.28) kann durch Erweiterung mit q_3/x_3 anders geschrieben werden:

$$\mu\, p_3 \frac{\partial x_3}{\partial q_3} \frac{q_3}{x_3} = \frac{\partial C}{\partial q_3} \frac{q_3}{x_3}. \tag{5.29}$$

$(\partial x_3/\partial q_3)/(q_3/x_3)$ stellt die in Abschnitt IV. 2. a des 1. Kapitels definierte Elastizität der Nachfrage in bezug auf Qualitätsänderungen ε_{3q3} dar. $(\partial C/\partial q_3)q_3$ ist der Ausdruck für die gesamten Qualitätskosten. Diese Behauptung ist aber nur dann richtig, wenn die Qualitätsproduktionsfunktion linear-homogen ist, was hier angenommen sei[12]. Wenn die zugrundegelegte Qualitätsproduktionsfunktion nicht linear-homogen wäre, so ergäbe sich für die totalen Qualitätskosten der folgende Ausdruck:

$$C_q = \int_0^q \frac{\partial C}{\partial q}\, dq .$$

Diesen Fall wollen wir hier nicht betrachten.

Der Term auf der rechten Seite von (5.29) stellt damit die durchschnittlichen Qualitätskosten c_q dar. Unter Berücksichtigung der eben genannten Beziehungen kann (5.29) folgendermaßen ausgedrückt werden:

$$\mu \cdot p_3 \cdot \varepsilon_{3q3} = c_q . \tag{5.30}$$

---

[12] Vgl. *R. G. D. Allen*, a. a. O., S. 315 ff.

Aufgrund der Definition des Monopolgrades wird Gleichung (5.30) zu:

$$p_3 \frac{\varepsilon_{3q3}}{-\varepsilon_3} = c_q \tag{5.31}$$

oder

$$-\varepsilon_3 = \frac{p_3}{c_q} \varepsilon_{3q3} \,. \tag{5.32}$$

Diese letztere Gleichung entspricht formal der Beziehung (5.20) von *Dorfman-Steiner*. Der Unterschied zwischen den Gleichungen (5.20) und (5.32) besteht darin, daß die Elastizität der Nachfrage in bezug auf Qualitätsänderungen unterschiedlich definiert ist. Ferner stellt das c bei *Dorfman-Steiner* die durchschnittlichen Gesamtkosten dar, während unser c_q für die durchschnittlichen Qualitätskosten steht.

Die optimale Qualität eines Produktes ist dann erreicht, wenn aufgrund von

$$q_3 = q_3(a, b) \tag{1.7}$$

sämtliche Kombinationen von ökonomisch sinnvollen Qualitätsvariationen aus der Menge

$$K = \sum_{j=1}^{n} K_n^{(j)} \tag{1.3}$$

durchgeführt werden. Für jede einzelne Qualitätsvariation müssen die Maximumbedingungen (5.28) bis (5.32) erfüllt sein.

Für abgeleitete neue Produkte ist der Profit relativ gesehen höher als bei einem differenzierten Produkt, da der Neuheitseffekt die Elastizität der Nachfrage in bezug auf Qualitätsänderungen erhöht.

Die Elastizitäten ε_3 und ε_{3q3} stehen in fester Beziehung zu den Eigenschaften der Nutzenfunktion. Um dies zeigen zu können, muß die Substitutionselastizität σ zwischen zwei Gütern in Termen der Nutzenfunktion geschrieben werden. Die Substitutionselastizität zwischen zwei Gütern x_1 und x_2 ist definiert als:

$$\sigma_{12} = \frac{d(x_1/x_2)}{x_1/x_2} : \frac{d(p_1/p_2)}{p_1/p_2} \,. \tag{1.14}$$

In Ausdrücken der Nutzenfunktion lautet Gleichung (1.14)[13]:

$$\sigma_{12} = -\frac{(x_1 \cdot U_1 + x_2 \cdot U_2)}{x_1 \cdot x_2} \frac{U_1\, U_2}{U_1^2\, U_{22} - 2\, U_1\, U_2\, U_{12} + U_2^2\, U_{11}}. \tag{5.33}$$

Allgemein wird die Substitutionselastizität zwischen zwei Konsumgütern x_i und x_j folgendermaßen geschrieben[14]:

$$\sigma_{ij} = \frac{x_1\, U_1 + x_2\, U_2 + \ldots + x_n\, U_n}{x_i\, x_j} \frac{D_{ij}}{D}. \tag{5.34}$$

D ist die geränderte *Hessesche* Determinante, die für die Bestimmung des Nutzenmaximums benötigt wird, und D_{ij} der Kofaktor des Elementes U_{ij} dieser Determinante.

Wir sind nun in der Lage, eine Beziehung für ε_3 in Ausdrücken der Nutzenfunktion herzuleiten[15]. Ausgangspunkt hierfür ist die Gleichung (4.28)

$$\frac{\partial x_3}{\partial p_3} = \lambda \frac{D_{33}}{D} - x_3 \frac{D_{43}}{D}.$$

Da $\lambda p_i = U_i$ ($i = 1, 2, 3$) gilt, werden die D-Ausdrücke zu:

$$D = \frac{1}{\lambda^2} D^*,$$

$$D_{33} = \frac{1}{\lambda^2} D^*_{33} \quad \text{und}$$

$$D_{43} = \frac{1}{\lambda^2} D^*_{43},$$

$$\text{wobei } D^* = \begin{vmatrix} |U_{ij}| & -U_i \\ -U_j & 0 \end{vmatrix} \quad i, j = 1, 2, 3 \text{ ist.}$$

---

[13] Diese Ableitung ist durchgeführt in: *S. Wu* und *J. A. Pontney*, a. a. O., S. 187—189.

[14] Vgl. für diese Schreibweise: *R. G. D. Allen*, a. a. O., S. 512.

[15] Diese Ableitung ist entnommen aus: *S. Wu* und *J. A. Pontney*, a. a. O., S. 183 ff.

Unter Berücksichtigung dieser Beziehungen und Multiplikation mit p_3/x_3 wird Gl. (4.28) zu:

$$\varepsilon_3 = \lambda \frac{p_3}{x_3} \frac{D^*_{33}}{D^*} - \frac{p_3 \cdot x_3}{x_3} \frac{D^*_{43}}{D^*}. \tag{5.35}$$

Da aber

$$\sigma_{33} = \frac{x_1 U_1 + x_2 U_2 + x_3 U_3}{x_3^2} \frac{D^*_{33}}{D^*}$$

und der Anteil des Gutes x_3 an den Gesamtausgaben

$$a_3 = \frac{p_3 \cdot x_3}{I} = \frac{U_3 \cdot x_3}{x_1 U_1 + x_2 U_2 + x_3 U_3}$$

ist, folgt für D^*_{33}/D^*:

$$\frac{D^*_{33}}{D^*} = \frac{x_3}{U_3} a_3 \cdot \sigma_{33}. \tag{5.36}$$

Durch Ableitung des Gleichungssystems (4.13) nach I und Benutzen der *Cramer*schen Regel kann gezeigt werden, daß

$$\frac{D_{43}}{D} = \frac{\partial x_3}{\partial I} \tag{5.37}$$

ist[16].

Die Gleichungen (5.36) und (5.37) in (5.35) eingesetzt, ergibt:

$$\varepsilon_3 = \lambda \frac{p_3}{x_3} \frac{x_3}{U_3} a_3 \sigma_{33} - \frac{p_3 \cdot x_3}{I} \left(\frac{I}{x_3} \frac{\partial x_3}{\partial I} \right). \tag{5.38}$$

Es ist zu beachten, daß beim Übergang von (5.35) nach (5.38) der zweite Term auf der rechten Seite mit I/I erweitert wurde. Da nun

$$\varepsilon_{3I} = \frac{\partial x_3}{\partial I} \frac{I}{x_3}$$

---

16 Vgl. hierzu: *P. A. Samuelson*, a. a. O., S. 101 f.

die Einkommenselastizität des Gutes x_3 darstellt, erhalten wir folgende Schlußbeziehung:

$$\varepsilon_3 = a_3(\sigma_{33} - \varepsilon_{3I}). \tag{5.39}$$

Ausgehend von Beziehung (4.26) können wir in analoger Weise die Qualitätselastizität in Ausdrücken der Nutzenfunktion herleiten. Unter Berücksichtigung von Gl. (5.36) und Erweitern mit q_3/x_3 auf beiden Seiten von (4.26) erhalten wir für diese Gleichung:

$$\varepsilon_{3q3} = \frac{\partial x_3}{\partial q_3}\frac{q_3}{x_3} = \frac{-U_{3q3}}{U_3} q_3 \cdot a_3 \cdot \sigma_{33}.$$

$\frac{-U_{3q3}}{U_3} q_3$ ist gleichbedeutend mit $-\frac{\partial U_3}{\partial q_3}\frac{q_3}{U_3}$, d. h. der Elastizität des Grenznutzens des Gutes x_3 in bezug auf Veränderungen des Qualitätsparameters q_3. Für ε_{3q3} können wir deshalb schreiben:

$$\varepsilon_{3q3} = -\varepsilon_{U3q3} \cdot a_3 \cdot \sigma_{33}. \tag{5.40}$$

ε_{U3q3} = Elastizität des Grenznutzens des Gutes x_3 in bezug auf Veränderungen des Qualitätsparameters q_3.

Die Beziehungen (5.39) und (5.40) in die Bedingungsgleichung für die Profitmaximierung (5.31) eingesetzt, ergibt:

$$p_3 \frac{\varepsilon_{U3q3} \cdot \sigma_{33}}{\sigma_{33} - \varepsilon_{3I}} = c_q. \tag{5.41}$$

Da ε_{3I} im Normalfall positiv[17], σ_{33} negativ[18] und $|\sigma_{33}| > |\varepsilon_{3I}|$ ist, wird die linke Seite von Gleichung (5.41), wie zu erwarten war, eine positive Größe.

Aus (5.41) ist ersichtlich, daß der Profit bei einer Veränderung von q_3 hauptsächlich von der Elastizität des Grenznutzens in bezug auf die Qualität abhängt.

---

[17] Vgl. hierzu: *S. Wu* und *J. A. Pontney*, a. a. O., S. 192 f.

[18] σ_{33} ist aufgrund der Stabilitätsbedingung für das Nutzenmaximum negativ, da D_{33} und D entgegengesetzte Vorzeichen aufweisen. Vgl. auch: *R. G. D. Allen*, a. a. O., S. 513.

Ein weiteres Ergebnis der Beziehung (5.41) ist, daß bei Profitmaximierung im Falle von Qualitätskonkurrenz sich die Substitutionselastizität unter Annahme eines bestimmten Wertes für ε_{3l} in ihren Auswirkungen auf den Profit teilweise neutralisiert. Ihr negativer Einfluß auf den Profit ist umso stärker, je absolut kleiner σ_{33} bzw. $\sigma_{33}/(\sigma_{33}-\varepsilon_{3l})$ wird. Ferner kann festgestellt werden, daß die Größe a_3 keinen Einfluß auf den Profit ausübt.

2. Der Einfluß von Preisreaktionen der Konkurrenten desselben Produktionsbereiches

Wird der Durchschnittspreis des Gutes, das in dem von uns untersuchten Produktionsbereich hergestellt wird, in die Betrachtung einbezogen, so ergibt sich die folgende Nachfragefunktion:

$$x_3 = x_3(p_2, p_3, q_3). \tag{5.42}$$

Die Profitbeziehung ist nun die nachstehende:

$$P = x_3(p_2, p_3, q_3) \cdot p_3 - C(x_3, q_3). \tag{5.43}$$

In analoger Weise wie für Gl. (5.25) erhalten wir:

$$dP = x_3\left[-\frac{\partial x_3/\partial p_2}{\partial x_3/\partial p_3}\,dp_2 - \frac{\partial x_3/\partial q_3}{\partial x_3/\partial p_3}\,dq_3\right] - \frac{\partial C}{\partial q_3}\,dq_3. \tag{5.44}$$

Durch Einbeziehen des letzten Terms auf der rechten Seite in die Klammer, erweitern der beiden ersten Klammerausdrücke mit p_3/x_3 und ausmultiplizieren mit x_3 erhalten wir:

$$dP = \left[-\frac{p_3\dfrac{\partial x_3}{\partial p_2}}{\varepsilon_3}\,\frac{dp_2}{dq_3} - \frac{p_3\dfrac{\partial x_3}{\partial q_3}}{\varepsilon_3} - \frac{\partial C}{\partial q_3}\right] dq_3. \tag{5.45}$$

Dieser Ausdruck entspricht der Beziehung (5.27). Der zweite und der dritte Klammerterm von Gl. (5.45) sind auch in (5.27) enthalten. Ihre Wirkung auf den Profit ist dieselbe.

Um den Einfluß des ersten Ausdrucks in der Klammer der Gleichung (5.45) auf den Profit zu bestimmen, gehen wir von der Tatsache aus, daß bei der Betrachtung von nur zwei Gütern diese immer konkurrierend sind: „... die Komplementarität ist ... keine mögliche Eigenschaft für zwei Güter; sie hat nur Sinn, wenn es mindestens drei in Frage kommende Güter sind[19]."

Wenn wir nun voraussetzen, daß alle Gütermengen konstant bleiben, ist dp_2/dq_3 negativ, währenddessen $p_3(\partial x_3/\partial p_2)$ positiv ist. Diese letztere Größe stellt den Wertgrenzverlust der von uns betrachteten Unternehmung aufgrund einer Änderung des Preises p_2 dar. Da ε_3 negativ ist, ist der untersuchte erste Klammerterm von Gl. (5.45) negativ. Der Profit unserer Unternehmung wird damit durch Preisreaktionen der anderen Firmen desselben Produktionsbereiches vermindert.

Bezeichnen wir den Wertgrenzverlust $p_3(\partial x_3/\partial p_2)$ mit ν_2, dann ist analog zu Gleichung (5.28) das Profitmaximum erreicht, wenn der Klammerausdruck in Beziehung (5.45) gleich Null wird. Unter Berücksichtigung der Definition des Monopolgrades können wir folgendes schreiben:

(5.46) $$\mu \cdot \nu_2 \cdot \frac{dp_2}{dq_3} + \mu \cdot \nu_1 = \frac{\partial C}{\partial q_3}$$

oder

(5.47) $$\mu \left(\nu_2 \frac{dp_2}{dq_3} + \nu_1 \right) = \frac{\partial C}{\partial q_3}.$$

Um die vorstehenden Maximumbedingungen in Form von Elastizitäten schreiben zu können, kann die Beziehung (5.45) etwas umgeformt werden. Durch Erweitern dieser Gleichung mit q_3/x_3 und Multiplikation von $\mu \cdot \nu_2\ (dp_2/dq_3)$ mit p_2/p_2 erhalten wir:

(5.48) $$-\frac{\varepsilon_{32}}{\varepsilon_3} p_3 \cdot \varepsilon_{p2q3} - \frac{\varepsilon_{3q3}}{\varepsilon_3} p_3 = c_q,$$

(5.49) $$-\frac{p_3}{\varepsilon_3} (\varepsilon_{32} \cdot \varepsilon_{p2q3} + \varepsilon_{3q3}) = c_q$$

oder

(5.50) $$\mu \cdot p_3 (\varepsilon_{32} \cdot \varepsilon_{p2q3} + \varepsilon_{3q3}) = c_q.$$

ε_{p2q3} = Elastizität von p_2 in bezug auf Veränderungen von q_3 und ε_{32} = Kreuzpreiselastizität des Gutes x_3 in bezug auf p_2.

Aufgrund der obigen Elastizitätsbeziehungen (5.48) bis (5.50) sind wir in der Lage einen ähnlichen Ausdruck wie (5.41) zu formen, indem wir für die Elastizitäten Ausdrücke, die sich aus den Eigenschaften der Nut-

---

[19] *J. R. Hicks* und *R. G. D. Allen*, a. a. O., S. 129.

zenfunktion ergeben, einsetzen. Es sind die Beziehungen für die beiden neuen Elastizitäten ε_{32} und ε_{p2q3} zu finden.

Wir differenzieren das Gleichungssystem (4.13) nach p_2 und erhalten die folgende Matrixform:

$$(5.51)\qquad \begin{vmatrix} U_{11} & U_{12} & U_{13} & -p_1 \\ U_{21} & U_{22} & U_{23} & -p_2 \\ U_{31} & U_{32} & U_{33} & -p_3 \\ -p_1 & -p_2 & -p_3 & 0 \end{vmatrix} \cdot \begin{vmatrix} \frac{\partial x_1}{\partial p_2} \\ \frac{\partial x_2}{\partial p_2} \\ \frac{\partial x_3}{\partial p_2} \\ \frac{\partial \lambda}{\partial p_2} \end{vmatrix} = \begin{vmatrix} 0 \\ \lambda \\ 0 \\ x_2 \end{vmatrix}$$

Für $\partial p_3/\partial p_2$ ergibt sich unter Anwendung der *Cramer*schen Regel die nachstehende Beziehung:

$$(5.52)\qquad \frac{\partial x_3}{\partial p_2} = -\lambda \frac{D_{23}}{D} - x_2 \frac{D_{43}}{D}.$$

Durch Erweitern mit p_2/x_3 erhalten wir einen Ausdruck für die Kreuzpreiselastizität ε_{23}:

$$(5.53)\qquad \varepsilon_{23} = -\lambda \frac{p_2}{x_3} \frac{D_{23}}{D} - \frac{p_2 \cdot x_2}{x_3} \frac{D_{43}}{D}.$$

Unter Berücksichtigung der Definition der Substitutionselastizität (Gl. 5.34) und des Anteils von x_2 an den Gesamtausgaben

$$a_2 = \frac{p_2 \cdot x_2}{I}$$

kann die folgende Beziehung hergeleitet werden[20]:

$$(5.54)\qquad \frac{D_{23}}{D} = \frac{1/\lambda^2 D_{23}^*}{1/\lambda^2 D^*} = \frac{x_3}{U_2} a_2 \cdot \sigma_{23}.$$

---

[20] Vgl. für diese Ableitung: *S. Wu* und *J. A. Pontney*, a. a. O., S. 183 ff.

Ferner wissen wir, daß

$$\frac{D_{43}}{D} = \frac{\partial x_3}{\partial I} \tag{5.37}$$

ist.

Durch Einsetzen von Gl. (5.54) und Gl. (5.37) in die Beziehung (5.53) und erweitern des zweiten Ausdruckes auf der rechten Seite von (5.53) erhält man:

$$\varepsilon_{23} = a_2(\sigma_{23} - \varepsilon_{3I})\,. \tag{5.55}$$

Für die Herleitung einer Beziehung für ε_{p2q3} in Ausdrücken der Nutzenfunktion gehen wir von den folgenden Überlegungen aus. Bei einer Erhöhung von q_3 ist bei gleichbleibenden Preisen ein Rückgang von x_2 zu erwarten. Die Größe $\partial x_2/\partial q_3$ ist negativ. Wir haben aber vorausgesetzt, daß kurzfristig die abgesetzten Mengen aller Produkte und somit auch x_2 konstant bleiben. x_2 kann aber nur dann unverändert bleiben, wenn p_2 gesenkt wird. Bedingung für x_2 = const. ist damit:

$$\frac{\partial x_2}{\partial q_3}\, dq_3 = -\frac{\partial x_2}{\partial p_2}\, dp_2\,. \tag{5.56}$$

Wird Gleichung (5.56) mit (p_2/x_2) (q_3/q_3) erweitert, so ergibt sich nach Umformung:

$$\varepsilon_{p2q3} = -\frac{\varepsilon_{2q3}}{\varepsilon_2}\,. \tag{5.57}$$

ε_{2q3} = Elastizität des Gutes x_2 in bezug auf q_3. ε_2 = Preiselastizität des Gutes x_2.

Analog zu (5.39) und (5.40) ergeben sich:

$$\varepsilon_2 = a_2(\sigma_{22} - \varepsilon_{2I}) \quad \text{und}$$

$$\varepsilon_{2q3} = -\varepsilon_{U3q3}\, a_3\, \sigma_{32}\,.$$

ε_{2I} ist die Elastizität von x_2 in bezug auf das Konsumenteneinkommen.

Wenn diese beiden letzteren Beziehungen in (5.57) eingesetzt werden, erhalten wir:

$$\varepsilon_{p2q3} = \frac{\varepsilon_{U3q3} \cdot a_3 \cdot \sigma_{32}}{a_2(\sigma_{22} - \varepsilon_{2I})}. \tag{5.58}$$

Durch Einsetzen von (5.39), (5.40), (5.55) und (5.58) in (5.49) ergibt sich die folgende Bedingung für das Profitmaximum der von uns betrachteten Firma:

$$\frac{p_3 \cdot \varepsilon_{U3q3}}{\sigma_{33} - \varepsilon_{3I}} \left[\frac{(\sigma_{23} - \varepsilon_{3I})(-\sigma_{32})}{\sigma_{22} - \varepsilon_{2I}} + \sigma_{33} \right] = c_q. \tag{5.59}$$

Als erstes kann zu dieser Bedingung gesagt werden, daß σ_{33} den ersten Ausdruck in der eckigen Klammer überwiegen muß, wenn überhaupt ein Profit entstehen soll. Dieses ist aber nur möglich wenn die Konsumenten in hohem Maße bereit sind qualitativ tieferstehende durch qualitativ höherstehende Güter zu ersetzen. Das Maß für diese Bereitschaft der Konsumenten ist σ_{33}.

Wir nehmen an, daß x_2 ein Normalgut sei. Dann gilt $|\sigma_{33}| > |\varepsilon_{3I}|$ und $|\sigma_{22}| > |\varepsilon_{2I}|$. Da zwei Güter nur substitutiv verbunden sein können, sind σ_{23} und σ_{32} positiv[21]. Der Ausdruck vor der eckigen Klammer ist negativ. Der erste Klammerausdruck ist aufgrund der obigen Annahmen positiv. Preisreaktionen der Konkurrenten wirken sich daher erwartungsgemäß negativ auf den Gewinn aus. σ_{23} und σ_{32} geben die Marktbeziehungen zwischen x_2 und x_3 an. Ein großes σ_{32} gibt an, daß die Konsumenten bereit sind, bedeutende Mengen von x_2 zugunsten von q_3 aufzugeben. Diese Größe wirkt also in der gleichen Richtung wie σ_{33}. Ein hohes σ_{32} sollte sich eigentlich positiv auf den Profit auswirken. Da wir aber angenommen haben, daß die einzelnen Anbieter ihren mengenmäßigen Marktanteil zu halten wünschen, sind die Produzenten von x_2 gezwungen ihre Preise stark zu senken. Dies wirkt sich aber über σ_{23} negativ auf die Nachfrage von x_3 aus.

3. Der Einfluß von Preisreaktionen der Produzenten der Güter x_1 und x_2

Die Nachfragefunktion ist nun die folgende:

$$x_3 = x_3(p_1, p_2, p_3, q_3). \tag{5.60}$$

---

[21] Vgl. hierzu: *R. G. D. Allen*, a. a. O., S. 513.

Durch totale Differentiation der Profitbeziehung

(5.61) $$P = x_3(p_1, p_2, p_3, q_3) \cdot p_3 - C(x_3, q_3)$$

und Nullsetzen von dx_3 erhalten wir in Analogie zu Gleichung (5.44) die folgende Beziehung:

(5.62) $$dP = x_3 \left[-\frac{\partial x_3/\partial p_1}{\partial x_3/\partial p_3} dp_1 - \frac{\partial x_3/\partial p_2}{\partial x_3/\partial p_3} dp_2 - \frac{\partial x_3/\partial q_3}{\partial x_3/\partial p_3} dq_3 \right] - \frac{\partial C}{\partial q_3} dq_3 .$$

Wenn wir den Klammerausdruck dieser Gleichung mit p_3/x_3 erweitern, mit x_3 ausmultiplizieren und dq_3 ausklammern, ergibt sich die folgende Bedingung:

(5.63) $$dP = \left[-\frac{p_3 \frac{\partial x_3}{\partial p_1}}{\varepsilon_3} \cdot \frac{\partial p_1}{\partial q_3} - \frac{p_3 \frac{\partial x_3}{\partial p_2}}{\varepsilon_3} \cdot \frac{\partial p_2}{\partial q_3} - \frac{p_3 \frac{\partial x_3}{\partial q_3}}{\varepsilon_3} - \frac{\partial C}{\partial q_3} \right] dq_3 .$$

Diese Beziehung gibt wiederum den Einfluß einer Veränderung des Qualitätsparameters q_3 auf dem Profit an. Die Vorzeichen von $\partial x_3/\partial p_1$, $\partial p_1/\partial q_3$, $\partial x_3/\partial p_2$ und $\partial p_2/\partial q_3$ sind dann bestimmt, wenn wir wissen, ob x_3 mit x_1 oder x_2 komplementär oder substitutiv verbunden ist. Zum Beispiel wäre im Falle von Komplementarität zwischen x_1 und x_3 $\partial p_1/\partial q_3$ positiv, $\partial x_3/\partial p_1$ dagegen negativ.

Der Einfluß des ersten Klammerterms in (5.63) auf den Profit von x_3 ist somit negativ. Bei Bestehen einer substitutiven Verbindung zwischen x_1 und x_3 nimmt $\partial p_1/\partial q_3$ einen negativen Wert an, währenddessen $\partial x_3/\partial p_1$ positiv wird. Der erste Klammerausdruck in Gleichung (5.63) ist damit wiederum negativ. Somit können wir sagen, daß Komplementarität oder Substitutionalität bei der Profitmaximierung im Falle von Qualitätsänderungen im Normalfall keine Rolle spielen. Der Einfluß von Preisreaktionen von Konkurrenten auf den Profit der von uns betrachteten Unternehmung ist immer negativer Art.

Bei Profitmaximierung wird der Klammerausdruck in Gleichung (5.63) gleich Null. Wenn wir p_3 $(\partial x_3/\partial p_1)$ gleich v_3 setzen, ergibt sich als Maximumbedingung:

(5.64) $$\mu \left(v_3 \frac{\partial p_1}{\partial q_3} + v_2 \frac{\partial p_2}{\partial q_3} + v_1 \right) = \frac{\partial C}{\partial q_3} .$$

Durch entsprechendes Erweitern erhalten wir analog zu Gleichung (5.50):

(5.65) $$\mu p_3(\varepsilon_{13} \cdot \varepsilon_{p1q3} + \varepsilon_{23} \cdot \varepsilon_{p2q3} + \varepsilon_{3q3}) = c_q .$$

ε_{13} = Kreuzpreiselastizität von x_1 und x_3 und ε_{p1q3} = Elastizität von p_1 in bezug auf q_3.

Da voraussetzungsgemäß die abgesetzten Mengen aller Güter konstant bleiben gilt

$$\frac{\partial x_1}{\partial q_3} dq_3 = -\frac{\partial x_1}{\partial p_1} dp_1$$

und es ergibt sich in gleicher Weise wie für (5.57):

(5.66) $$\varepsilon_{p1q3} = -\frac{\varepsilon_{1q3}}{\varepsilon_1} .$$

Unter Berücksichtigung der Eigenschaften der Nutzenfunktion erhalten wir schließlich unter Berücksichtigung von (5.66) für die Beziehung (5.65):

(5.67) $$\frac{p_3 \cdot \varepsilon_{U3q3}}{(\sigma_{33} - \varepsilon_{3I})} \left[\frac{(\sigma_{13} - \varepsilon_{3I})(-\sigma_{31})}{(\sigma_{11} - \varepsilon_{1I})} + \frac{(\sigma_{23} - \varepsilon_{3I})(-\sigma_{32})}{(\sigma_{22} - \varepsilon_{2I})} + \sigma_{33} \right] = c_q .$$

Wiederum muß σ_{33} die beiden andern Ausdrücke in der eckigen Klammer überwiegen, damit überhaupt ein Profit erzielt werden kann. Der erste Klammerausdruck gibt die Marktbeziehung zwischen x_1 und x_3 wieder. Wie bei der Interpretation von Gleichung (5.63) ergibt sich aus Gl. (5.67) wiederum, daß sowohl substitutionale als auch komplementäre Beziehungen zwischen den einzelnen Gütern, den Profit der von uns betrachteten Firma negativ beeinflussen.

4. Reine Qualitätskonkurrenz und Profitmaximierung

Bei Qualitätskonkurrenz ist der Fall denkbar, daß die Konkurrenten auf eine Qualitätsverbesserung des Gutes einer Firma nicht mit Preissenkungen, sondern mit Qualitätsverbesserungen ihrer eigenen Güter reagieren um ihren Marktanteil halten zu können. Die betreffende Firma sieht sich dann der folgenden Nachfragefunktion gegenüber:

(5.68) $$x_3 = x_3(p_3, q_2, q_3) .$$

Die abgesetzte Menge von x_3 bleibt voraussetzungsgemäß konstant. Es ergibt sich aufgrund einer Veränderung von q_3 der folgende Profitzuwachs:

(5.69) $$dP = x_3 \left[-\frac{\partial x_3/\partial q_2}{\partial x_3/\partial p_3} \cdot \frac{dq_2}{dq_3} - \frac{\partial x_3/\partial q_3}{\partial x_3/\partial p_3} - \frac{\partial C/\partial q_3}{x_3} \right] dq_3 .$$

Analog zum Vorgehen in den vorhergehenden Abschnitten lauten die Bedingungen für den maximalen Profit unserer Firma:

(5.70) $$\mu \left(v_4 \frac{dq_2}{dq_3} + v_1 \right) = \frac{\partial C}{\partial q_3} .$$

$v_4 = p_3 \, (\partial x_3/\partial q_2)$ = Wertgrenzverlust bewirkt durch eine Veränderung von q_2.

(5.71) $$\mu \, p_3 \, (\varepsilon_{3q2} \cdot \varepsilon_{q2q3} + \varepsilon_{3q3}) = c_q .$$

ε_{3q2} = Elastizität des Gutes x_3 in bezug auf Veränderungen von q_2 und ε_{q2q3} = Elastizität des Qualitätsparameters q_2 in bezug auf Veränderungen des Parameters q_3.

Die Beziehung für ε_{3q2} in Ausdrücken der Nutzenfunktion ist:

(5.72) $$\varepsilon_{3q2} = - \varepsilon_{U2q2} \cdot a_2 \cdot \sigma_{23} .$$

ε_{U2q2} = Elastizität des Grenznutzens U_2 in bezug auf Veränderungen von q_2.

Wir wollen voraussetzungsgemäß x_2 und p_2 konstant halten, um den Einfluß der Veränderung von q_2 auf den Profit der von uns betrachteten Unternehmung festzustellen. Aufgrund der Beziehung

(5.73) $$x_2 = x_2 (q_2, q_3)$$

können wir unter Berücksichtigung der obigen Beziehungen eine Relation für ε_{q2q3} finden:

(5.74) $$\varepsilon_{q2q3} = - \frac{\varepsilon_{2q3}}{\varepsilon_{2q2}} = - \frac{- \varepsilon_{U3q3} \cdot a_3 \cdot \sigma_{32}}{- \varepsilon_{U2q2} \cdot a_2 \cdot \sigma_{22}} .$$

Unter Berücksichtigung von (5.72) und (5.74) wird die Maximumbedingung (5.71) zu

$$\frac{p_3 \cdot \varepsilon_{U3q3}}{\sigma_{33} - \varepsilon_{3I}} \left[\frac{(-\sigma_{23})\,\sigma_{32}}{\sigma_{22}} + \sigma_{33} \right] = c_q . \tag{5.75}$$

In gleicher Weise wie Beziehung (5.75) können wir aufgrund der Nachfragefunktion

$$x_3 = x_3(p_3, q_1, q_2, q_3)$$

eine Bedingung für das Profitmaximum der von uns betrachteten Firma ableiten, nämlich

$$\frac{p_3 \cdot \varepsilon_{U3q3}}{\sigma_{33} - \varepsilon_{3I}} \left[\frac{(-)\,\sigma_{13} \cdot \sigma_{31}}{\sigma_{11}} + \frac{(-)\,\sigma_{23} \cdot \sigma_{32}}{\sigma_{22}} + \sigma_{33} \right] = c_q . \tag{5.76}$$

Die Interpretation dieser beiden letzteren Bedingungsgleichungen ist dieselbe wie diejenige der Profitmaximumsbedingungen in den vorangehenden Abschnitten.

Sechstes Kapitel

Die Profitbestimmung bei Entwicklung und Einführung neuer Produkte

I. Allgemeines über Variationsrechnung[1]

Im Falle der Einführung eines neuen Produkts ist das Profitmaximierungsproblem nicht mehr ein statisches, sondern ein dynamisches. Die Lösung von dynamischen Maximumproblemen geht in das Gebiet der Variationsrechnung. Aus diesem Grunde wollen wir einen kurzen Überblick über dieses Gebiet geben.

Betrachten wir die Funktion

$$u = \int_{t_0}^{t_1} F(t, x, \dot{x})\, dt .^{2} \tag{6.1}$$

---

[1] Ausgezeichnete Einführungen in dieses Gebiet der Mathematik werden von folgenden Autoren gegeben:
R. G. D. Allen, Kapitel 20: Some Problems in the Calculus of Variations, a. a. O., S. 521—541.
L. E. Elsgolc: Calculus of Variations. Oxford 1963 (1. Auflage 1961).

[2] Vgl. hierzu: *R. G. D. Allen,* a. a. O., S. 527.

In dieser Funktion sei

$$x = \Phi(t) \quad \text{und} \quad \dot{x} = \frac{dx}{dt}.$$

Es muß nun diejenige Funktion Φ^* gefunden werden, die den Wert u einen Extremwert, z. B. ein Maximum werden läßt. Da u von Φ abhängt, wird u ein Funktional

$$u = F(\Phi)$$

genannt. Das Argument eines Funktionals ist nicht eine Variable, sondern eine Funktion.

Der Wert u in Beziehung (6.1) erreicht dann einen Extremwert, wenn

(6.2) $$\delta u = \int_{t_0}^{t_1} (F_x\, \delta x + F_{\dot{x}}\, \delta \dot{x})\, dt = 0$$

gilt[3].

F_x und $F_{\dot{x}}$ müssen also Werte annehmen, die bewirken, daß der obige Ausdruck gleich Null wird. Um die gesuchte Beziehung zwischen F_x und $F_{\dot{x}}$ zu finden, muß in (6.2) die angegebene Integration durchgeführt werden.

Für

$$\int_{t_0}^{t_1} (F_{\dot{x}}\, \delta \dot{x})\, dt$$

kann die Formel für die Integration eines Produkts angewendet werden[4]. Es ergibt sich:

$$\int_{t_0}^{t_1} (F_{\dot{x}}\, \delta \dot{x})\, dt = [F_{\dot{x}}\, \delta x]_{t_0}^{t_1} - \int_{t_0}^{t_1} \left(\frac{d}{dt} F_{\dot{x}}\, \delta x\right) dt.$$

Durch Einsetzen dieser Beziehung in (6.2) erhält man:

(6.3) $$\delta u = [F_{\dot{x}}\, \delta x]_{t_0}^{t_1} + \int_{t_0}^{t_1} \left(F_x - \frac{d}{dt} F_{\dot{x}}\right) \delta x\, dt = 0.$$

Da die Funktion $x = \Phi^*(t)$ bei der δu gleich Null ist, durch fixe Endpunkte geht, gilt:

$$\delta x|_{t=t_0} = \Phi^*(t_0) - \Phi(t_0) = 0 \quad \text{und}$$

$$\delta x|_{t=t_1} = \Phi^*(t_1) - \Phi(t_1) = 0.$$

[3] Vgl. für die nachstehende Ableitung: *L. E. Elsgolc*, a. a. O., S. 26 ff.

[4] Vgl. zu dieser Formel: *H. v. Mangoldt* und *K. Knopp*, 3. Bd., a. a. O., S. 16.

Der erste Ausdruck auf der rechten Seite von (6.3) ist deshalb gleich Null. Damit ergibt sich für δu:

$$\delta u = \int_{t_0}^{t_1} \left(F_x - \frac{d}{dt} F_{\dot{x}} \right) \delta x \, dt = 0 . \tag{6.4}$$

Wir setzen nun

$$F_x - \frac{d}{dt} F_{\dot{x}} = \psi(t) \quad \text{und}$$

$$\delta x = \eta(t) .$$

Es gilt dann der folgende fundamentale Satz der Variationsrechnung, der von *L. E. Elsgolc* in der nachstehenden Weise formuliert wurde:

"If a function $\psi(t)$ is continuous in an interval (t_0, t_1) and if

$$\int_{t_0}^{t_1} \psi(t)\, \eta(t)\, dt = 0$$

for an arbitrary function $\eta(t)$ subject to some conditions of general character only, then $\psi(t) = 0$ throughout the interval $t_0 \leq t \leq t_1$. For instance the conditions that $\eta(t)$ should be a first or higher-order differentiable function, that $\eta(t)$ should vanish at the end points t_0, t_1, and that $|\eta(t)| < \varepsilon$ or both $|\eta(t)| < \varepsilon$ and $|\eta'(t)| < \varepsilon$ are such general conditions[5]."

Aufgrund dieses Satzes ist die Bedingung für $\delta u = 0$ oder das Vorliegen eines Extremwertes für Beziehung (6.1), daß

$$F_x - \frac{d}{dt} F_{\dot{x}} = 0 \tag{6.5}$$

ist. Dies ist die sogenannte *Euler*-Gleichung.

Da in der Funktion F die Größe x als Argument enthalten ist, stellt die *Euler*-Gleichung eine Differentialgleichung dar. *R. G. D. Allen* bemerkt hierzu: "Our problem in the calculus of variations is thus reduced to the relatively simple problem of integrating a differential equation[6]."

Das soeben kurz dargestellte Grundproblem der Variationsrechnung kann in verschiedenen Richtungen verallgemeinert werden.

Es können z. B. in der Funktion F mehrere Variable auftreten, die alle von t abhängig sind[7]:

$$u = \int_{t_0}^{t_1} F(t, x_1, x_2, \cdots, x_n, \dot{x}_1, \dot{x}_2, \cdots, \dot{x}_n)\, dt . \tag{6.6}$$

---

[5] *L. E. Elsgolc*, a. a. O., S. 27. Das ganze Zitat ist hervorgehoben.

[6] *R. G. D. Allen*, a. a. O., S. 529.

[7] Siehe *L. E. Elsgolc*, a. a. O., S. 39 ff.

Die Maximumbedingungen stellen dann ein System von Differentialgleichungen dar:

(6.7) $$\delta u = F_{x_i} - \frac{d}{dt} F_{\dot{x}_i} = 0, \quad (i = 1, 2, \cdots, n).$$

Weiterhin können in F Ableitungen höherer Ordnung oder Funktionen mit mehreren unabhängigen Variablen auftreten[8].

Die Variationsrechnung wird leichter verständlich, wenn man ihren Zusammenhang mit der Differentialrechnung beachtet. *L. E. Elsgolc* zeigt zu diesem Zweck einige Analogien zwischen Funktionen und Funktionalen auf. Dabei kommt er auch auf den Begriff der Variation zu sprechen, der der Variationsrechnung den Namen gegeben hat[9].

Die wichtigsten Analogien sind die nachstehenden:

a) Eine Variable y ist eine Funktion der Variablen x, wenn man $y = f(x)$ schreibt.

   Eine Variable u ist ein Funktional, das von einer Funktion Φ abhängt: $u = F(\Phi)$.

   Das ist zum Beispiel in Gleichung (6.1) der Fall.

b) Der Zuwachs des Arguments x einer Funktion $f(x)$ ist $\Delta x = x - x_1$. Im Grenzfall gilt $dx = \Delta x$.

   Der Zuwachs oder die Variation $\delta\Phi$ des Argumentes Φ eines Funktionals $F(\Phi)$ ist die Differenz zwischen zwei Funktionen:

$$\delta\Phi = \Phi(t) - \Phi_1(t).$$

c) Das Differential dy einer Funktion $y = f(x)$ lautet:

$$dy = f'(x)\,dx.$$

   Die Variation eines Funktionals u ist:

$$\delta u = V[\Phi(t), \delta\Phi], \quad \text{wobei} \quad x = \Phi(t) \text{ ist.}$$

   Aus dieser Gegenüberstellung ergibt sich: "The variation plays the same rôle in the theory of functionals as the differential in that of ordinary functions[10]."

d) Die Funktion $y = f(x)$ hat dann an der Stelle x_0 einen Extremwert, wenn $dy = 0$ ist.

---

[8] Ebenda, S. 42 ff., und S. 47 ff.

[9] Ebenda, S. 13—23.

[10] Ebenda, S. 17.

Das Funktional $u = F(\Phi)$ erreicht dann einen Extremwert, wenn $\delta u = 0$ ist.

Diese Bedingung wird durch die *Euler*-Gleichung (6.5) ausgedrückt.

II. Das Modell von Evans

Das Modell von *Evans* ist ein dynamisches Profitmaximierungsmodell[11]. Es hat für die Analyse der Nachfrageentwicklung eines neuen Produkts eine besondere Bedeutung, weil seine Nachfragefunktion ein *spekulatives Element* enthält.

Aufgrund der Bedeutung für unsere Darstellung sei deshalb das Modell von *Evans* etwas eingehender besprochen.

Evans geht von der folgenden Nachfragefunktion aus:

$$y = a_0 + a_1\, p + a_2\, \dot{p}\,. \tag{6.8}$$

y ist die nachgefragte Menge, p der Preis und $\dot{p}$ die Ableitung des Preises nach der Zeit.

Die Kostenfunktion ist eine quadratische:

$$C = b_0 + b_1\, y + b_2\, y^2\,. \tag{6.9}$$

Der Profit soll nun über einen Zeitintervall t_0, t_1 maximiert werden. Der zu maximierende Ausdruck ist dann der folgende[12]:

$$P = \int_{t_0}^{t_1} [p(t)\, y(t) - C(t)]\, dt\,. \tag{6.10}$$

Unter Berücksichtigung von (6.8) und (6.9) lautet (6.10):

$$\begin{aligned} P = \int_{t_0}^{t_1} [&a_0\, p + a_1\, p^2 + a_2\, p\, \dot{p} - b_0 - a_0\, b_1 - a_1\, b_1\, p - a_2\, b_2\, \dot{p} - \\ &- a_0\, b_2 - 2\, a_0\, a_1\, b_2\, p - a_1^2\, b_2\, p^2 - 2\, a_1\, a_2\, b_2\, p\, \dot{p} - 2\, a_0\, a_2\, b_2\, \dot{p} - a_2^2\, b_2\, \dot{p}^2]\, dt\,. \end{aligned} \tag{6.11}$$

p und $\dot{p}$ sind die einzigen unabhängigen Variablen in dieser Beziehung. Das Maximumproblem läuft also darauf hinaus, den optimalen Zeitpfad von $p(t)$ zu finden. Dann ist nämlich sowohl p als auch $\dot{p}$ in jedem Zeitpunkt eindeutig bestimmt.

---

[11] *G. C. Evans,* a. a. O., Chapter 14: A Problem in Economic Dynamics, S. 143—153.

[12] Die Ableitung der Maximumbedingung für diesen Ausdruck ist ebenfalls enthalten in *R. G. D. Allen,* a. a. O., S. 535 f.

Wir bezeichnen nun den Ausdruck in der eckigen Klammer von (6.11) mit F. Es muß dann die *Euler*-Gleichung erfüllt sein, damit P, der Profit, ein Maximum wird:

$$F_p - \frac{d}{dt} F_{\dot{p}} = 0 . \tag{6.5}$$

Das Berechnen der Ausdrücke in (6.5) aufgrund von (6.11) und Einsetzen in (6.5) ergibt:

$$2\, a_2^2\, b_2 \frac{d^2 p}{dt^2} - 2\, a_1 (a_1\, b_2 - 1)\, p + (a_0 - 2\, a_0\, a_1\, b_2 - a_1\, b_1) = 0 . \tag{6.12}$$

Der Ansatz zur Lösung einer solchen Differentialgleichung ist

$$p(t) = \bar{p} + C_1\, e^{r(t-t_0)} + C_2\, e^{-r(t-t_0)}.$$ [13]

$\bar{p}$ ist hierbei die partikuläre Lösung der Differentialgleichung (6.12):

$$\bar{p} = \frac{a_0 - 2\, a_0\, a_1\, b_2 - a_1\, b_1}{2\, a_1 (a_1\, b_2 - 1)} .$$

Aufgrund der charakteristischen Gleichung von Differentialgleichung (6.12) ergibt sich:

$$r = \sqrt{\frac{a_1 (a_1\, b_2 - 1)}{a_2^2\, b_2}} \quad \text{und} \quad -r = -\sqrt{\frac{a_1 (a_1\, b_2 - 1)}{a_2^2\, b_2}} .$$

Die beiden Konstanten C_1 und C_2 werden mit Hilfe des Anfangs- und des Endpreises bestimmt:

$$p(t_0) - \bar{p} = C_1 + C_2 \quad \text{und}$$

$$p(t_1) - \bar{p} = C_1\, e^{r(t_1-t_0)} + C_2\, e^{-r(t_1-t_0)} .$$

Aus diesen beiden Gleichungen ergibt sich für C_1 und C_2:

$$C_1 = \frac{[p(t_1) - \bar{p}] - [p(t_0) - \bar{p}]\, e^{-r(t_1-t_0)}}{e^{r(t_1-t_0)} - e^{-r(t_1-t_0)}} \quad \text{und}$$

$$C_2 = \frac{[p(t_1) - \bar{p}] - [p(t_0) - \bar{p}]\, e^{r(t_1-t_0)}}{e^{-r(t_1-t_0)} - e^{r(t_1-t_0)}}$$

---

[13] Siehe *A. C. Chiang*, a. a. O., S. 456 ff.

Der Zeitpfad für $p(t)$ ist damit eindeutig bestimmt. Für eine eingehendere Diskussion der Lösung sei auf *Evans* selber verwiesen[14].

Es geht jetzt noch darum, den optimalen Endpreis $p(t_1)$ zu bestimmen[15]. Der Profit P ist dann eine Funktion von $p(t_1)$:

$$P = P\,[p(t_1)]\,.$$

Die Bedingungen für den optimalen Endpreis sind:

$$\frac{dP}{dp(t_1)} = 0 \quad \text{und} \quad \frac{d^2\,P}{dp(t_1)^2} < 0\,.$$

III. Profitmaximierung im Falle einer linearen Kostenfunktion[16]

1. Es besteht keine Preisspekulation der Konsumenten

Die Nachfragefunktion ist eine spezifizierte Form von Gleichung (4.32)

$$y(t) = a_0 + a_1\,p(t) + a_2\,N(t) + a_3\,z(t)\,. \tag{6.13}$$

y = nachgefragte und angebotene Menge, p = Preis, N = Stock der Neuheitswerbung. ($a_0, a_2, a_3 > 0$ und $a_1 < 0$).

Die Variable $z(t)$ gibt das in Abschnitt III. 2 des 4. Kapitels beschriebene langfristige Wachstum an. Wird die logistische Kurve als Wachstumskurve angenommen, so lautet diese Größe:

$$z(t) = \frac{\bar{y}}{1 + a\,e^{-rt}}\,,$$

wobei $\bar{y}$ die Sättigungsmenge des neuen Produkts darstellt. Diese Variable $z(t)$ können wir ausschalten, wenn wir von der Überlegung ausgehen, daß sich $z(t)$ im Bereich zwischen Null und $\bar{y}$ bewegt. Wir können dann anstelle von $z(t)$ einen Mittelwert $\bar{z}$ für die Planungsperiode t_0, t_1 einsetzen. Für die logistische Kurve ist dieser Wert:

$$\bar{z} = \bar{y}/2\,.$$

---

[14] *G. C. Evans*, a. a. O., S. 148 f.

[15] Vgl. hierzu: *R. G. D. Allen*, a. a. O., S. 536.

[16] Für Hinweise bei der Anfertigung dieses Abschnittes bin ich Herrn Beat Finkbeiner, dipl. Mathematiker, Institut für Operations Research der Universität Zürich, zu Dank verpflichtet.

Diese Konstante kann in a_0 inkorporiert werden, so daß

$$\bar{a}_0 = a_0 + a_3\,\bar{z}$$

ist.

Die Kostenfunktion ist die folgende:

$$C(t) = b_0 + b_1\,y(t) + b_2\,N(t_0) \tag{6.14}$$

$C(t)$ = Gesamtkosten. ($b_0, b_1, b_2 > 0$).

Die zu maximierende Größe P ist dann:

$$P = \int_{t_0}^{t_1} [p(t)\,y(t) - C(t)]\,dt = \int_{t_0}^{t_1} F(t, N, p)\,dt \quad \text{oder explizit:}$$

$$P = \int_{t_0}^{t_1} [\bar{a}_0\,p + a_1\,p^2 + a_2\,N\,p - b_0 - \bar{a}_0\,b_1 - a_1\,b_1\,p - a_2\,b_1\,N - b_2\,N(t_0)]\,dt \tag{6.15}$$

Um das Profitmaximum erzielen zu können, muß die betrachtete Unternehmung zwei Größen optimal wählen. Als erstes muß sie den optimalen Zeitpfad des Preises $p(t)$ bestimmen. Als zweites hat sie die Höhe von $N(t_0)$ festzulegen.

Die Maximumbedingungen für das Funktional (6.15) sind analog zum Gleichungssystem (6.7):

$$F_p - \frac{d}{dt} F_{\dot{p}} = 0 \quad \text{und}$$

$$F_N - \frac{d}{dt} F_{\dot{N}} \Big|_{t=t_0} = 0\,.$$

Für die Lösung unseres Problems ergibt sich somit:

$$F_p = \bar{a}_0 + 2\,a_1\,p + a_2\,N - a_1\,b_1 = 0 \quad \text{und}$$

$$F_N \big|_{t=t_0} = a_2\,p(t_0) - a_2\,b_1 - b_2 = 0\,.$$

Mit Hilfe dieser beiden Beziehungen können wir die optimalen Werte von $p(t)$ und $N(t_0)$ bestimmen:

$$p(t) = \frac{b_1}{2} - \frac{\bar{a}_0}{2\,a_1} - \frac{a_2\,N(t)}{2\,a_1}. \tag{6.16}$$

$$N(t_0) = -\frac{\bar{a}_0}{a_2} - \frac{a_1\,b_1}{a_2} - \frac{2\,a_1\,b_2}{a_2^2}. \tag{6.17}$$

Der optimale Zeitpfad $p(t)$ wird also bestimmt durch den Verlauf von $N(t)$:

$$N(t) = N(t_0)\, e^{-\delta t}.$$

Wenn $N(t)$ gegen Null strebt, ist $p(t)$ gleich dem statischen Gleichgewichtspreis $b_1/2 - (\bar{a}_0/2\, a_1)$.

Aufgrund der Vorzeichen der Parameter ist aus (6.17) ersichtlich, daß N nur eingesetzt wird, wenn

$$-a_1\, a_2\, b_1 - 2\, a_1\, b_2 > \bar{a}_0\, a_2$$

ist.

2. Es besteht Preisspekulation der Konsumenten

Die Nachfragefunktion sieht in diesem Falle folgendermaßen aus:

$$y(t) = \bar{a}_0 + a_1\, p(t) + a_2\, N(t) + a_3\, \dot{p}. \tag{6.18}$$

Das Vorzeichen von a_3 wird nicht spezifiziert. Die Kostenfunktion sei wiederum Gleichung (6.14).

Die zu maximierende Größe P ist dann:

$$P = \int_{t_0}^{t_1} [p(t)\, y(t) - C(t)]\, dt = \int_{t_0}^{t_1} F(t, N, p, \dot{p})\, dt.$$

Die Bedingungen für ein Maximum von P sind:

$$F_p - \frac{d}{dt} F_{\dot{p}} = 0 \quad \text{und} \tag{6.19}$$

$$F_N - \frac{d}{dt} F_{\dot{N}} \Big|_{t=t_0} = 0. \tag{6.20}$$

Die einzelnen Ausdrücke in diesen Bedingungen ergeben unter Berücksichtigung der Gleichungen (6.14), (6.18) und der Funktion F:

$$F_p = \bar{a}_0 + 2\, a_1\, p + a_2\, N + a_3\, \dot{p} - a_1\, b_1,$$

$$\frac{d}{dt} F_{\dot{p}} = a_3\, \dot{p},$$

$$F_N \Big|_{t=t_0} = a_2\, p - a_2\, b_1 - b_2 \quad \text{und}$$

$$\frac{d}{dt} F_{\dot{N}} \Big|_{t=t_0} = 0.$$

Durch Einsetzen dieser vier letzteren Beziehungen in die Maximumbedingungen (6.19) und (6.20) und Bestimmen von $p(t)$ und $N(t_0)$ erhalten wir genau dieselben Werte wie in den Gleichungen (6.16) und (6.17). Die Preisspekulation der Konsumenten hat also bei einer linearen Kostenfunktion keinen Einfluß auf die optimalen Werte von $p(t)$ und $N(t_0)$.

IV. Profitmaximierung im Falle einer quadratischen Kostenfunktion

1. Bestimmung von $p(t)$ und $N(t_0)$

Als Nachfragefunktion wird Gleichung (6.18) verwendet. Die Kostenfunktion sei nun nicht mehr linear, sondern quadratisch:

$$C(t) = b_0 + b_1 y + b_2 y^2 + b_3 N(t_0). \tag{6.21}$$

Alle Koeffizienten dieser Funktion sind positiv. Eine quadratische Kostenfunktion ist bei kleinen Werten des Koeffizienten b_2 realistischer als eine lineare. Das quadratische Glied wirkt sich nämlich im Rahmen einer gegebenen Produktionskapazität erst bei größeren Werten von y, d. h. mit hoher Kapazitätsausnutzung, aus. Dies stimmt mit der Wirklichkeit überein, da bekannt ist, daß im allgemeinen die Gesamtkosten in der Nähe der Kapazitätsgrenze mit weiter zunehmendem Output überproportional steigen.

Die zu maximierende Beziehung ist wiederum vom Typ:

$$P = \int_{t_0}^{t_1} [p(t)\, y(t) - C(t)]\, dt = \int_{t_0}^{t_1} F(t, N, p, \dot{p})\, dt .$$

Die Bedingungen für das Profitmaximum sind gegeben durch die Beziehungen (6.19) und (6.20).

Die einzelnen Ausdrücke für die Bedingung (6.19) sind unter Berücksichtigung der Gleichungen (6.18) und (6.21) sowie der Funktion F:

$$F_p = \bar{a}_0 + 2\, a_1\, p + a_2\, N + a_3\, \dot{p} - a_1\, b_1 - 2\, \bar{a}_0\, a_1\, b_2 - 2\, a_1^2\, b_2\, p -$$
$$2\, a_1\, a_2\, b_2\, N - 2\, a_1\, a_3\, b_2\, \dot{p},$$

$$F_{\dot{p}} = a_3\, p - a_3\, b_1 - 2\, \bar{a}_0\, a_3\, b_2 - 2\, a_1\, a_3\, b_2\, p - 2\, a_2\, a_3\, b_2\, N - 2\, a_3^2\, b_2\, \dot{p} \quad \text{und}$$

$$\frac{d}{dt} F_{\dot{p}} = a_3\, \dot{p} - 2\, a_1\, a_3\, b_2\, \dot{p} - 2\, a_2\, a_3\, b_2\, \dot{N} - 2\, a_3^2\, b_2 \frac{d^2 p}{dt^2}.$$

Unter Berücksichtigung von $\dot{N} = -\delta N$ ergibt sich durch Einsetzen in Gleichung (6.19):

$$2\,a_3^2\,b_2\,\frac{d^2 p}{dt^2} - 2\,a_1\,(a_1\,b_2 - 1)\,p + (\bar{a}_0 - a_1\,b_1 - 2\,\bar{a}_0\,a_1\,b_2) +$$

$$+\,[a_2\,(1 - 2\,a_1\,b_2) - 2\,a_2\,a_3\,b_2\,\delta]\,N = 0\,. \tag{6.22}$$

Diese letztere Gleichung (6.22) ist eine inhomogene Differentialgleichung zweiter Ordnung.

a) Die partikuläre Lösung der Differentialgleichung (6.22)

Die partikuläre Lösung ist in dieser Differentialgleichung nicht konstant, sondern variabel. Es ist deshalb ein besonderes Verfahren zum Auffinden dieser Lösung notwendig[17].

Es ist ersichtlich, daß der autonome Teil der Differentialgleichung die Form

$$A_0 + A_1\,N$$

aufweist, wobei

$$A_0 = \bar{a}_0 - a_1\,b_1 - 2\,\bar{a}_0\,a_1\,b_2 \quad \text{und}$$

$$A_1 = a_2\,(1 - 2\,a_1\,b_2) - 2\,a_2\,a_3\,b_2\,\delta$$

sind.

Es muß nun eine Gleichung für $p(t)$ existieren, die die Beziehung

$$2\,a_3^2\,b_2\,\frac{d^2 p}{dt^2} - 2\,a_1\,(a_1\,b_2 - 1)\,p = -A_0 - A_1\,N \tag{6.23}$$

in jedem Zeitpunkt erfüllt.

Diese Gleichung muß folgende Struktur haben:

$$p(t) = B_0 + B_1\,N(t)\,.$$

Für die zweite Ableitung des Preises nach der Zeit gilt dann:

$$\frac{d^2 p}{dt^2} = \delta^2\,B_1\,N(t)\,.$$

---

[17] Vgl. hierzu: *A. C. Chiang*, a. a. O., S. 494 ff.

Wenn diese Werte für d^2p/dt^2 und $p(t)$ in Beziehung (6.23) eingesetzt werden, ersieht man, daß B_0 und B_1 folgende Werte haben:

$$B_0 = \frac{A_0}{2\, a_1 (a_1\, b_2 - 1)} \quad \text{und}$$

$$B_1 = \frac{-A_1}{2\, a_3^2\, b_2\, \delta^2 - 2\, a_1 (a_1\, b_2 - 1)}.$$

Die partikuläre Lösung der Differentialgleichung (6.22) ist somit:

$$(6.24) \qquad \bar{p}(t) = \frac{\bar{a}_0 - a_1\, b_1 - 2\, \bar{a}_0\, a_1\, b_2}{2\, a_1 (a_1\, b_2 - 1)} - \frac{a_2 (1 - 2\, a_1\, b_2) - \delta\, 2\, a_2\, a_3\, b_2}{2\, a_3^2\, b_2\, \delta^2 - 2\, a_1 (a_1\, b_2 - 1)}\, N(t).$$

b) Die komplementäre Lösung der Differentialgleichung (6.22)

Die komplementäre Lösung einer Differentialgleichung geht aus vom homogenen Teil dieser Gleichung. Allgemein wird dieser folgendermaßen geschrieben:

$$c_1 \frac{d^2 p}{dt^2} + c_2\, \dot{p} + c_3\, p = 0.$$ [18]

Der Ansatz für die komplementäre Lösung lautet:

$$(6.25) \qquad c_1\, r^2\, C e^{rt} + c_2\, r\, C e^{rt} + c_3\, C e^{rt} = 0.$$

Um zu diesem Ansatz zu gelangen, geht man von der Annahme aus, daß $p(t)$ einen Lösungsansatz von der Form Ce^{rt} aufweise. Durch Differenzieren erhält man dann

$$\dot{p} = r\, C e^{rt} \quad \text{und} \quad \frac{d^2 p}{dt^2} = r^2\, C e^{rt}.$$

Aus Beziehung (6.25) ergibt sich:

$$C e^{rt} (c_1\, r^2 + c_2\, r + c_3) = 0.$$

Da Ce^{rt} nicht gleich Null sein kann, gilt:

$$(6.26) \qquad c_1\, r^2 + c_2\, r + c_3 = 0.$$

Dies ist in allgemeiner Form die charakteristische Gleichung des homogenen Teils einer Differentialgleichung zweiter Ordnung. Aus ihr können die Wurzeln r_1 und r_2 gefunden werden.

---

18 Vgl. zum folgenden: *A. C. Chiang*, a. a. O., S. 459 ff.

Für die Differentialgleichung (6.22) lautet die charakteristische Gleichung:

$$2\, a_3^2\, b_2\, r^2 - 2\, a_1 (a_1\, b_2 - 1) = 0\,.$$

Die beiden Werte für r sind also:

(6.27) $$r = \sqrt{\frac{a_1 (a_1\, b_2 - 1)}{a_3^2\, b_2}} \quad \text{und} \quad -r = -\sqrt{\frac{a_1 (a_1\, b_2 - 1)}{a_3^2\, b_2}}\,.$$

Für die komplementäre Lösung kommen damit zwei Lösungsmöglichkeiten in Betracht

$$p_1(t) = C_1\, e^{rt} \quad \text{und} \quad p_2(t) = C_2\, e^{-rt},$$

wobei C_1 und C_2 die Integrationskonstanten sind. Da beide Möglichkeiten berücksichtigt werden müssen, ergibt sich die komplementäre Lösung $p_c(t)$ der Differentialgleichung (6.22) durch Addition der beiden Lösungen:

(6.28) $$p_c(t) = C_1\, e^{r(t-t_0)} + C_2\, e^{-r(t-t_0)}.$$

Ein Vergleich mit der Lösung von *Evans* (Vgl. Abschnitt II des 6. Kapitels) zeigt, daß die komplementären Lösungen notwendigerweise übereinstimmen.

c) Ermittlung des Preispfades $p(t)$

Die vollständige Lösung der Differentialgleichung (6.22) ergibt sich aus der Addition der partikulären und der komplementären Lösung:

(6.29) $$p(t) = \bar{p}(t) + C_1\, e^{r(t-t_0)} + C_2\, e^{-r(t-t_0)}.$$

Es sind nun noch die beiden Konstanten C_1 und C_2 zu ermitteln. Da die Anfangs- und Endpreise $p(t_0)$ und $p(t_1)$ gegeben sind, können aus (6.29) zwei Gleichungen ermittelt werden, mit deren Hilfe sich die beiden Unbekannten C_1 und C_2 bestimmen lassen:

$$p(t_0) - \bar{p}(t_0) = C_1 + C_2 \quad \text{und}$$

$$p(t_1) - \bar{p}(t_1) = C_1\, e^{r(t_1-t_0)} + C_2\, e^{-r(t_1-t_0)}.$$

Die Beziehungen für C_1 und C_2 sind damit:

(6.30) $$C_1 = \frac{p(t_1) - \bar{p}(t_1) - [p(t_0) - \bar{p}(t_0)]\, e^{-r(t_1 - t_0)}}{e^{r(t_1 - t_0)} - e^{-r(t_1 - t_0)}}$$ und

(6.31) $$C_2 = \frac{p(t_1) - \bar{p}(t_1) - [p(t_0) - \bar{p}(t_0)]\, e^{r(t_1 - t_0)}}{e^{-r(t_1 - t_0)} - e^{r(t_1 - t_0)}}.$$

Damit ist der Verlauf von $p(t)$ eindeutig bestimmt.

d) Ermittlung des Wertes von $N(t_0)$

Im weitern ist jetzt noch $N(t_0)$ zu bestimmen. Dazu muß die Gleichung (6.20) erfüllt sein. Die einzelnen Komponenten dieser Gleichung sind unter Berücksichtigung der Beziehungen (6.18) und (6.21) sowie der Funktion F:

$$F_N \Big|_{t=t_0} = a_2\, p(t_0) - a_2\, b_1 - 2\, \bar{a}_0\, a_2\, b_2 - 2\, a_1\, a_2\, b_2\, p(t_0) - 2\, a_2^2\, b_2\, N(t_0) -$$

$$2\, a_2\, a_3\, b_2\, \dot{p}(t_0) - b_3 \quad \text{und}$$

$$\frac{d}{dt} F_{\dot{N}} \Big|_{t=t_0} = 0\,.$$

Mit Hilfe dieser beiden Beziehungen erhält man für $N(t_0)$:

(6.32) $$N(t_0) = -\frac{b_1}{2\, a_2\, b_2} - \frac{\bar{a}_0}{a_2} - \frac{b_3}{2\, a_2^2\, b_2} - \frac{(2\, a_1\, b_2 - 1)\, p(t_0)}{2\, a_2\, b_2} - \frac{a_3\, \dot{p}(t_0)}{a_2}.$$

Der optimale Stock der Neuheitswerbung ist bestimmt durch die Koeffizienten der Nachfrage- und der Kostenfunktion, sowie $p(t_0)$ und $\dot{p}(t_0)$.

2. Diskussion der Lösung für den optimalen Preispfad $p(t)$ mit fixen Endpunkten $p(t_0)$ und $p(t_1)$

Eine spezielle Variante von Gleichung (6.29) ergibt sich, wenn C_1 und C_2 beide Null sind. Es gilt dann

$$p(t) = \bar{p}(t),$$

d. h. der Preis ist in jedem Zeitpunkt gleich dem Gleichgewichtspreis. $p(t)$ nimmt in diesem Fall in der Zeit exponentiell mit der Rate δ ab. Wir nehmen an, daß das neue Produkt seine Sättigungsmenge $\bar{y}$ im Zeitpunkt t_1 erreicht. Der Stock der Neuheitswerbung strebe in diesem Zeitpunkt gegen Null. Der Preisverlauf ist dann durch Graphik 5 gegeben.

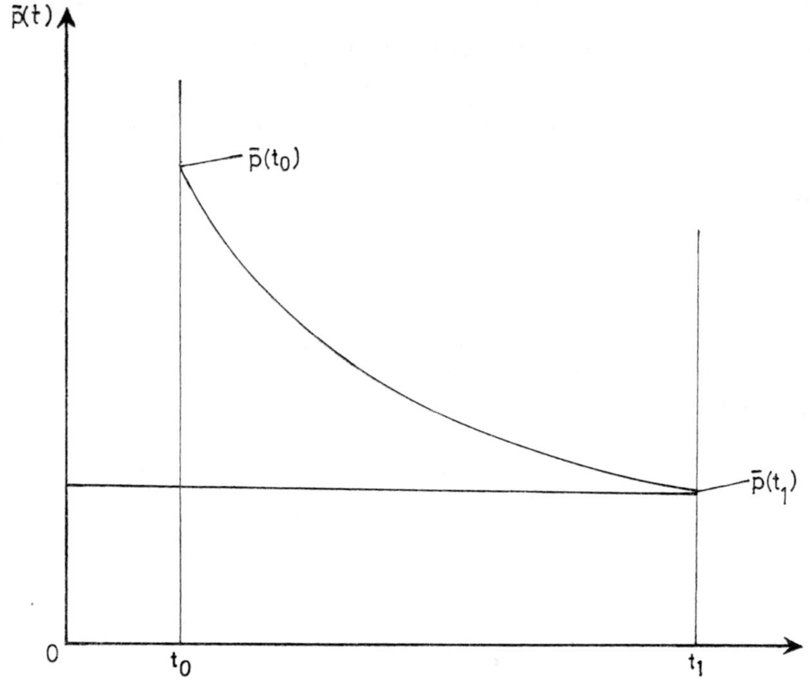

Abb. 5

Es ist aufschlußreich, wenn man den Preis $\bar{p}(t_1)$ mit dem statischen Optimalpreis eines Monopolisten vergleicht, der sich einer linearen Preis-Absatzfunktion und einer quadratischen Kostenfunktion gegenübersieht[19]. Beide Preise sind nämlich identisch. Dies ist auch unmittelbar einzusehen, denn der Neuheitseffekt und das anfänglich knappe Angebot eines neuen Produktes, machen es dem Produzenten möglich, seinen Preis im Zeitintervall t_0, t_1 über dem statischen Gleichgewichtspreis anzusetzen.

Als zweites soll nun der Verlauf des komplementären Teils des Preispfades

$$p_c(t) = C_1\, e^{r(t-t_0)} + C_2\, e^{-r(t-t_0)}$$

diskutiert werden. Folgende zwei Beziehungen sind dazu notwendig[20]:

---

[19] Vgl. hierzu auch *G. C. Evans*, a. a. O., S. 148.

[20] Vgl. hierzu: *G. C. Evans*, a. a. O., S. 148 ff.

(6.33) $$\dot{p}_c(t) = r\,[C_1\,e^{r(t-t_0)} - C_2\,e^{-r(t-t_0)}]$$

und

(6.34) $$\dot{p}_c(t_0) = r(C_1 - C_2).$$

Aus (6.33) ist unmittelbar ersichtlich, daß $p_c(t)$ einen Extremwert aufweist, wenn

(6.35) $$e^{2r(t-t_0)} = \frac{C_2}{C_1}$$

ist. Wenn wir C_2 mit $-1/-1$ multiplizieren, ergibt sich für C_2/C_1:

$$\frac{C_2}{C_1} = \frac{-d_1 + d_0\,e^{r(t_1-t_0)}}{d_1 - d_0\,e^{-r(t_1-t_0)}}.$$

In dieser Beziehung sind

$$d_0 = p(t_0) - \bar{p}(t_0) \quad \text{und} \quad d_1 = p(t_1) - \bar{p}(t_1).$$

Setzen wir diesen letzteren Ausdruck in (6.35) ein, erhalten wir:

(6.35) $$e^{2r(t-t_0)} = \frac{-d_1 + d_0\,e^{r(t_1-t_0)}}{d_1 - d_0\,e^{-r(t_1-t_0)}}.$$

Aus dieser Beziehung ist ersichtlich, daß ein Extremwert nur möglich ist, wenn d_0 und d_1 entweder beide positiv oder beide negativ sind. Weisen d_0 und d_1 entgegengesetzte Vorzeichen auf, ist kein Extremwert möglich, da die rechte Seite von Gleichung 6.35 negativ wird. $p_c(t)$ wäre in diesem Falle entweder kontinuierlich steigend oder fallend.

Aus (6.35) kann weiter geschlossen werden, daß $p_c(t)$ im Intervall t_0, t_1 nur dann einen Extremwert aufweist, wenn die nachstehende Bedingung erfüllt ist:

(6.36) $$e^{2r(t_1-t_0)} \geqq \frac{-d_1 + d_0\,e^{r(t_1-t_0)}}{d_1 - d_0\,e^{-r(t_1-t_0)}}$$

Durch Umformen dieser Beziehung und unter Berücksichtigung der Definitionen der hyperbolischen Funktionen[21] erhält man:

(6.37) $$\cosh r(t_1 - t_0) \geqq \frac{d_0}{d_1}.$$

---

[21] Eine gute Darstellung der Definitionen und des Verlaufs dieser Funktionen findet sich in: *A. W. Goodman*: Analytic Geometry and the Calculus. New York 1963, S. 263 ff.

Da aufgrund des Verlaufs der Funktion cosh x der Ausdruck cosh $r(t_1 - t_0)$ immer größer als eins ist, gilt auch:

$$\frac{d_0}{d_1} \geqq \frac{1}{\cosh r(t_1 - t_0)}. \tag{6.38}$$

Wenn die Bedingungen (6.37) und (6.38) erfüllt sind, existiert also im Intervall t_0, t_1 ein Extremwert für $p_c(t)$.

Es ist nun zu prüfen, unter welchen Bedingungen dieser Extremwert ein Maximum oder ein Minimum ist. Darüber gibt Beziehung (6.34) Auskunft. Je nachdem, ob $\dot{p}(t_0)$ positiv oder negativ ist, muß $p_c(t)$ ein Maximum bzw. ein Minimum aufweisen.

In Beziehung (6.34) bestimmt $C_1 - C_2$ das Vorzeichen von $\dot{p}_c(t_0)$. Diese Größe ist aufgrund der Definitionen von C_1 und C_2 und Multiplikation von C_2 mit $-1/-1$:

$$C_1 - C_2 = \frac{2\, d_1 - d_0\, [e^{r(t_1 - t_0)} + e^{-r(t_1 - t_0)}]}{e^{r(t_1 - t_0)} - e^{-r(t_1 - t_0)}}.$$

Wiederum kann diese Beziehung durch Benutzen von hyperbolischen Funktionen vereinfacht werden. Es ergibt sich:

$$C_1 - C_2 = \frac{d_1 - d_0 \cosh r(t_1 - t_0)}{\sinh r(t_1 - t_0)}.$$

Da sinh x für positive Werte von x größer als Null ist, wird das Vorzeichen von $C_1 - C_2$ und damit auch dasjenige von $\dot{p}_c(t_0)$ durch

$$d_1 - d_0 \cosh r(t_1 - t_0) \tag{6.39}$$

bestimmt.

Mit Hilfe der Beziehungen (6.35), (6.38) und (6.39) können wir für den Verlauf von $p_c(t)$ das folgende Ergebnis festhalten:

$p_c(t)$ hat keinen Extremwert, wenn d_0 und d_1 entgegengesetzte Vorzeichen haben. Wenn d_0 negativ und d_1 positiv ist, steigt $p_c(t)$ kontinuierlich. Das Gegenteil ist der Fall, wenn d_0 positiv und d_1 negativ ist.

Wenn d_0 und d_1 gleiche Vorzeichen haben, gilt:

$\dot{p}_c(t_0)$ ist positiv und $p_c(t)$ hat folglich ein Maximum, wenn d_0 und d_1 beide negativ sind.

$\dot{p}_c(t_0)$ ist negativ und $p_c(t)$ hat folglich ein Minimum, wenn d_0 und d_1 beide positiv sind.

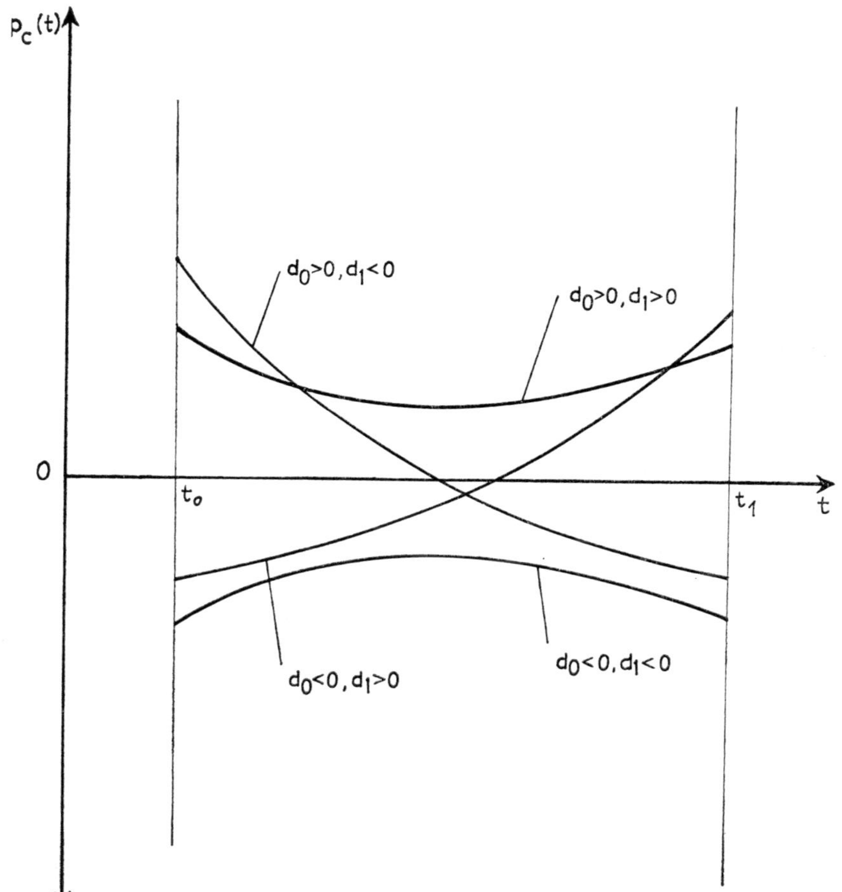

Abb. 6

Graphisch ist der mögliche Verlauf von $p_c(t)$ in Abbildung 6 dargestellt.

Als drittes ist noch der Verlauf von $p(t)$ zu bestimmen. Dieser ergibt sich definitionsgemäß aus der Summe von $\bar{p}(t)$ und $p_c(t)$. Wenn

$$\dot{\bar{p}}(t_0) < \dot{p}_c(t)$$

dann charakterisiert der Verlauf von $p_c(t)$ auch denjenigen von $p(t)$. Treten z. B. für $p_c(t)$ Extremwerte auf, dann ist dies auch für $p(t)$ der Fall. Da aber $\dot{\bar{p}}(t)$ immer negativ ist, liegt $p(t)_{max}$ links von $p_c(t)_{max}$ und $p(t)_{min}$ rechts von $p_c(t)_{min}$.

Ist dagegen $\dot{p}(t_0) > p_c(t_0)$ bestimmt die exponentiell abnehmende Größe $\bar{p}(t)$ den Verlauf von $p(t)$. Je nach der Größe der zweiten Ableitungen von $\bar{p}(t)$ und $p_c(t)$ sind verschiedene Fälle möglich, auf die wir aber nicht im einzelnen eingehen wollen.

3. Diskussion von $N(t_0)$

Eine eingehendere Untersuchung des Koeffizienten von $N(t)$ in Gleichung (6.24)

(6.24a)
$$\frac{a_2(2\,a_1\,b_2-1)+\delta\,2\,a_2\,a_3\,b_2}{2\,a_3^2\,b_2\,\delta^2-2\,a_1(a_1\,b_2-1)}$$

ergibt eine wichtige Bedingung in bezug auf den Einsatz von $N(t)$. Damit überhaupt Neuheitswerbung getrieben wird, muß natürlich dieser Koeffizient positiv sein. Wenn a_3 negativ ist, sind beide Ausdrücke im Zähler dieses Koeffizienten negativ. Somit muß auch der Nenner negativ sein. Folgende Bedingung muß deshalb erfüllt sein:

$$2\,a_3^2\,b_2\,\delta^2<2\,a_1(a_1\,b_2-1).$$

Dies bedeutet, daß

(6.40)
$$\delta<r$$

sein muß, damit eine Firma Neuheitswerbung treibt.

Bei positivem a_3 sind zusätzliche Bedingungen notwendig, damit der oben genannte Koeffizient (6.24a) positiv wird, nämlich:

(6.40a)
$$\delta<r \quad \text{und} \quad D=\frac{1-2\,a_1\,b_2}{2\,a_3\,b_2}>\delta$$

oder

(6.40b)
$$\delta>r \quad \text{und} \quad D<\delta.$$

Bedingung (6.40b) besagt, daß bei einem hohen Wert von δ ($\delta > r$) a_3 ebenfalls einen hohen Wert aufweisen muß, was bewirkt, daß $D < \delta$ wird. Dies ist ökonomisch unmittelbar einsichtig, denn bei steigendem Preis (bewirkt durch vermehrte Neuheitswerbung) steigt die Nachfrage bei hohem positivem a_3 noch mehr. Dies ermöglicht auch bei großem δ den Einsatz von N.

Im weiteren ist der Verlauf von $N(t)$ exogen bestimmt. Diese Größe nimmt in der Zeit exponentiell mit der Rate δ ab.

$N(t_0)$ dagegen kann durch die Unternehmung festgelegt werden. Die Höhe von $N(t_0)$ ist durch die Beziehung (6.32) bestimmt. Da aber auf der rechten Seite dieser Gleichung noch $N(t_0)$-Werte enthalten sind, müssen wir $p(t_0)$ und $\dot{p}(t_0)$ ersetzen. Unter Berücksichtigung von Gleichung (6.29) und der Ableitung dieser Gleichung nach der Zeit, ergibt sich für (6.32):

$$N(t_0) = \left[\frac{\bar{a}_0\, a_2 + a_1\, a_2\, b_1 - 2\, a_1^2\, b_2\, b_3 + 2\, a_1\, b_3}{2\, a_1 (a_1\, b_2 - 1)\, a_2^2} - \frac{(2\, a_1\, b_2 - 1)\, d_0}{a_2} - \right.$$

$$\text{(6.32a)} \qquad \left. - \frac{(2\, a_3\, b_2\, r)\,[d_1 - d_0 \cosh r(t_1 - t_0)]}{a_2 \sinh r(t_1 - t_0)}\right] [2\, a_3^2\, b_2\, \delta^2 - 2\, a_1 (a_1\, b_2 - 1)]\,.$$

Wenn wir

$$A = \frac{\bar{a}_0\, a_2 + a_1\, a_2\, b_1 - 2\, a_1^2\, b_2\, b_3 + 2\, a_1\, b_3}{2\, a_1 (a_1\, b_2 - 1)\, a_2^2}$$

und

$$B = 2\, a_3^2\, b_2\, \delta^2 - 2\, a_1 (a_1\, b_2 - 1)$$

setzen und beachten, daß

$$\lim_{x \to \infty} \operatorname{csch} x = 0 \quad \text{und} \quad \lim_{x \to \infty} \coth x = 1$$

ist, kann (6.32a) folgendermaßen geschrieben werden:

$$\text{(6.32b)} \qquad N(t_0) = \left[A - \frac{2\, a_1\, b_2 - 1 - 2\, a_3\, b_2\, r}{a_2}\, d_0\right] B\,.$$

In dieser Beziehung ist das Vorzeichen von A unbestimmt.

Um die Analyse von (6.32b) zu vereinfachen, nehmen wir vorerst an, daß $d_0 = 0$ sei.

Bei negativem a_3 ist B aufgrund von (6.40) negativ. Somit muß A ebenfalls negativ sein damit $N(t_0)$ positiv wird. Es sei erwähnt, daß nur positive Werte von N ökonomisch sinnvoll sind.

Nimmt dagegen a_3 einen positiven Wert an, sind zwei Fälle möglich. Bei Gelten der Ungleichungen (6.40a) ist ein negatives A die Bedingung für einen positiven Wert von $N(t_0)$. Sind aber die Beziehungen (6.40b) gegeben, muß A größer als Null sein, damit N eingesetzt wird.

Nun wird aber $N(t_0)$ auch noch durch die Preispolitik der betrachteten Unternehmung im Zeitpunkt t_0 beeinflußt. Diese drückt sich im Werte von d_0 aus. Ein positiver Wert für d_0 besagt, daß eine Unternehmung eine Politik der hohen Preise betreibt und umgekehrt.

Je nach dem Wert von a_3 sind zwei Arten des Zusammenhangs zwischen $N(t_0)$ und d_0 zu unterscheiden. Bei negativem a_3 ist die erste Ableitung von $N(t_0)$ nach d_0 in Gleichung (6.32b) negativ, wenn

$$D = -\frac{1 - 2\,a_1\,b_2}{2\,a_3\,b_2} > r$$

gilt, positiv, wenn

$$D < r$$

ist.

Weist a_3 einen positiven Wert auf, so ist die Ableitung von $N(t_0)$ nach d_0 in Gleichung (6.32b) positiv oder negativ, je nachdem, ob $B > 0$ oder $B < 0$ ist.

Es bestehen damit vier Arten von Beziehungen zwischen $N(t_0)$ und d_0. Diese sind in Graphik 7 dargestellt.

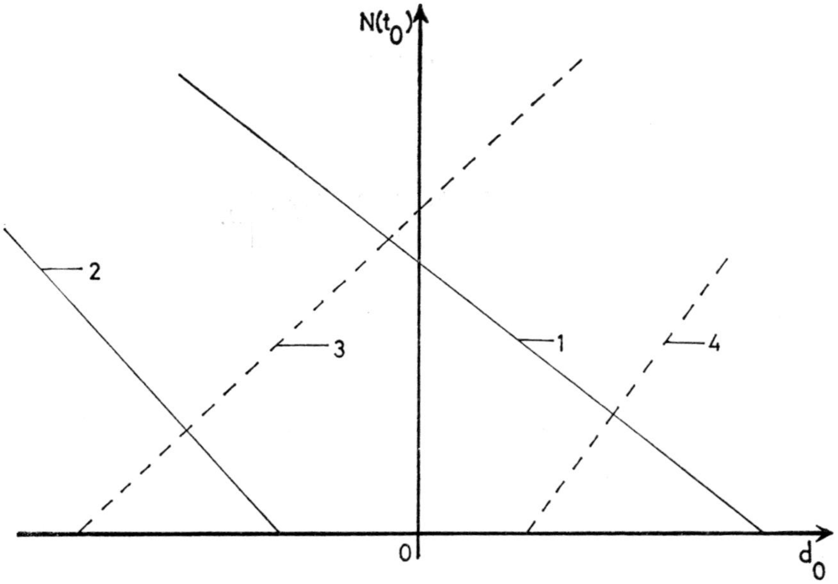

Abb. 7

Die durch die Analyse der Beziehungen (6.24a) und (6.32b) ermittelten Parameterkonstellationen, aus denen sich die Geraden in Darstellung 7 ergeben, sind die folgenden:

Gerade 1:
a) $a_3 < 0, A < 0, B < 0, D > r$ und
b) $a_3 > 0, A < 0, B < 0, D > \delta$.
Gerade 2:
a) $a_3 < 0, A > 0, B < 0, D > r$ und
b) $a_3 > 0, A > 0, B < 0, D > \delta$.
Gerade 3:
a) $a_3 < 0, A < 0, B < 0, D < r$ und
b) $a_3 > 0, A > 0, B > 0, D < \delta$.
Gerade 4:
a) $a_3 < 0, A > 0, B < 0, D < r$ und
b) $a_3 > 0, A < 0, B > 0, D < \delta$.

Es ist zu beachten, daß die in Darstellung 7 eingezeichneten Geraden nur qualitativer Art sind. Die a- und b-Kurven weisen also in den vier verschiedenen Fällen nur Neigungen mit demselben Vorzeichen auf und schneiden die Koordinatenachsen in denselben Bereichen.

Obige Darstellung zeigt, daß der Zusammenhang zwischen Neuheitswerbung und Preispolitik komplex ist. Um präzisere Ergebnisse erzielen zu können, müßten weitere Restriktionen getroffen werden, was die ohnehin schon abstrakte Behandlung des Problems noch wirklichkeitsfremder gestalten würde.

Immerhin kann ein wichtiges Ergebnis in bezug auf a_3 festgehalten werden: Aus Darstellung 7 geht hervor, daß bei $D > r$ bzw. $D > \delta$, d. h. bei *kleinen absoluten Werten von* a_3, die Ableitung von $N(t_0)$ nach d_0 negativ ist. Umgekehrt ist diese Ableitung positiv, wenn a_3 absolut gesehen *groß* ist. Preishöhe und Höhe der Ausgaben für Neuheitswerbung gehen also ungeachtet der Art der Preisspekulation in die gleiche Richtung, wenn diese Spekulation sehr bedeutsam ist.

4. Optimale Ausgangs- und Endwerte des Preispfades

Es stellt sich nun die Frage, welcher Endpreis $p(t_1)$ bei festgelegtem Ausgangspreis $p(t_0)$ den Profit maximiert. Aus einem Bündel von Kurven, die von $p(t_0)$ ausgehen, ist diejenige Kurve auszuwählen, die den höchsten Profit erbringt. Diese Kurven sind sogenannte Extremale[22]. Jedes Extremal gibt für gegebene Werte von d_0 und d_1 den profitmaximierenden Preispfad an.

[22] Vgl. zu diesem Ausdruck: *L. E. Elsgolc*, a. a. O., S. 30.

Allgemein ist $p(t_1)$ dann optimal, wenn für das Funktional $F^*(t, N, p, \dot{p})$ die Variation des Endpunktes $[p(t_1), t_1]$

$$\Delta v = \int_{t_0}^{t_1+\delta t_1} F(t, N+\delta N, p+\delta p, \dot{p}+\delta \dot{p})\, dt - \int_{t_0}^{t_1} F^*(t, N, p, \dot{p})\, dt \tag{6.41}$$

gleich Null ist[23].

Die Bedingung hierfür ist bei Unabhängigkeit der Variablen N und p und für $t = t_1$[24]:

$$F_{\dot{p}}\Big|_{t=t_1} = 0. \tag{6.42}$$

Für unser Problem gilt daher im Zeitpunkt t_1:

$$F_{\dot{p}} = -2\,\bar{a}_0\, b_2 - b_1 + (1 - 2\, a_1\, b_2)\, p(t_1) - 2\, a_3\, b_2\, \dot{p}(t_1) = 0. \tag{6.43}$$

In diese Beziehung müssen nun $p(t_1)$ und $\dot{p}(t_1)$ eingesetzt werden:

$$p(t_1) = \bar{p}(t_1) + C_1\, e^{r(t_1-t_0)} + C_2\, e^{-r(t_1-t_0)}$$

oder unter Berücksichtigung der Definitionen von C_1 und C_2:

$$p(t_1) = \bar{p}(t_1) + d_1 \quad \text{und}$$

$$\dot{p}(t_1) = r\,[C_1\, e^{r(t_1-t_0)} - C_2\, e^{-r(t_1-t_0)}] \quad \text{oder}$$

$$\dot{p}(t_1) = r\left[\frac{-d_0 + d_1 \cosh r(t_1-t_0)}{\sinh r(t_1-t_0)}\right].$$

Es ergibt sich für $F_{\dot{p}}$:

$$F_{\dot{p}} = -2\,\bar{a}_0\, b_2 - b_1 + (1 - 2\, a_1\, b_2)\,[\bar{p}(t_1) + d_1] + 2\, a_3\, b_2\, r\, d_0 \operatorname{csch} r(t_1-t_0) -$$

$$- \frac{2\, a_3\, b_2\, r\, d_1 \cosh r(t_1-t_0)}{\sinh r(t_1-t_0)} = 0.$$

Für d_1 erhält man aus dieser Beziehung:

$$d_1 = \frac{-\bar{a}_0 - a_1\, b_1 - 4\, a_1\,(a_1\, b_2 - 1)\, a_3\, b_2\, r\, d_0 \operatorname{csch} r(t_1-t_0)}{[(1 - 2\, a_1\, b_2) - 2\, a_3\, b_2\, r \coth r(t_1-t_0)]\; 2\, a_1\,(a_1\, b_2 - 1)}. \tag{6.44}$$

---

[23] Ebenda, S. 74.

[24] Ebenda, S. 75.

Es ist ersichtlich, daß das letzte Glied im Zähler von (6.44) vernachlässigt werden kann. *csch* x strebt nämlich bei $x \to \infty$ gegen Null[25]. Das Vorzeichen von d_0 spielt demnach bei der Festsetzung des optimalen Endpreises keine Rolle. Die Größe d_0 ist abhängig von der Preispolitik der entsprechenden Unternehmung.

Im weiteren kann festgestellt werden, daß der Zählerausdruck $-\bar{a}_0 - a_1 b_1$ in Beziehung (6.44) nur unter bestimmten Bedingungen eindeutig ist. Dieser Ausdruck ist negativ, wenn die Größe A in Gleichung (6.32b) positiv oder gleich Null ist. d_1 ist dann negativ, wenn $A \geqq 0$ und $a_3 < 0$ ist. Weiterhin ist d_1 negativ, wenn die nachstehenden Bedingungen gelten:

$$A \geqq 0, a_3 > 0 \quad \text{und} \quad D > r,$$

wobei

$$D = \frac{1 - 2\, a_1\, b_2}{2\, a_3\, b_2}$$

ist.

Die Größe D ergibt sich hier aus dem Umstand, daß

$$\lim_{x \to \infty} \coth x = 1$$

ist[26].

d_1 nimmt schließlich einen positiven Wert an, wenn

$$A \geqq 0, a_3 > 0 \quad \text{und} \quad D < r$$

gelten.

Für $A < 0$, d. h. wenn $-\bar{a}_0 - a_1 b_1$ unbestimmt ist, ist auch der Wert von d_1 unbestimmt.

Die obigen Aussagen über den Endwert des Preispfades $p(t)$, der durch d_1 gekennzeichnet ist, sind den Resultaten, die *G. C. Evans* errechnet hat, ähnlich[27].

5. Der optimale Wert von $N(t_0)$

Der optimale Ausgangswert für $N(t)$, $N(t_0)$, ist durch Gleichung (6.32b) bestimmt, sobald der profitmaximierende Preispfad feststeht.

---

[25] Vgl. hierzu: *A. W. Goodman*, a. a. O., S. 266.

[26] Ebenda, S. 266.

[27] *G. C. Evans*, a. a. O., S. 152.

V. Maximumbedingungen zweiter Ordnung für die behandelten Probleme

1. Allgemeine Bemerkungen[28]

Wenn wir von unserm Funktional

$$P = \int_{t_0}^{t_1} F(t, N, p, \dot{p})\, dt$$

ausgehen, ergibt sich für einen profitmaximierenden Preispfad die Funktion

$$p = p(t),$$

wobei $p(t_0)$ und $p(t_1)$ gegeben sind.

Wird nun $p(t_0)$ konstant gehalten und $p(t_1)$ variiert, ergibt sich ein Bündel von Extremalen. Dieses Bündel entsteht aus der Variation des Scharparameters C in der Funktion

$$p = p(t, C).$$

Damit nun $p(t)$ für jedes t einer bestimmten Kurve zugeordnet werden kann, dürfen sich die verschiedenen Extremale nicht schneiden.

Diese Bedingung ist dann erfüllt, wenn die beiden nachstehenden Gleichungen gleichzeitig gelten[29]:

$$p = p(t, C) \quad \text{und} \quad \frac{\partial p(t, C)}{\partial C} = 0.$$

$p = p(t,C)$ in die *Euler*-Gleichung (6.5) eingesetzt und diese nach C abgeleitet ergibt[30]:

$$(6.45) \qquad \left(F_{pp} - \frac{d}{dt} F_{p\dot{p}}\right) \frac{\partial p(t, C)}{\partial C} - \frac{d}{dt}\left(F_{\dot{p}\dot{p}} \frac{\partial^2 p(t, C)}{\partial C\, \partial t}\right) = 0.$$

Diese Gleichung wird *Jacobi*-Gleichung genannt. Wenn sie erfüllt ist, weisen die Extremale außer in $p(t_0)$ keine Schnittpunkte auf.

Ist Gleichung (6.45) erfüllt kann ermittelt werden, ob die vorliegenden Extremale Maxima oder Minima ergeben. Die Grundidee bei diesem Vorgehen ist die folgende:

Wenn eine Kurvenform K^* für ein Funktional $F(t,N,p,\dot{p})$ bei festgelegten $p(t_0)$ und $p(t_1)$ ein Maximum ergeben soll, dann muß Δv im Vergleich mit irgend einer andern Kurvenform K negativ sein[31]:

---

[28] Vgl. hierzu: *L. E. Elsgolc*, a. a. O., S. 103 ff.

[29] Ebenda, S. 109.

[30] Ebenda, S. 109.

[31] Ebenda, S. 112.

$$\Delta v = \int_{K} F(t, N, p, \dot{p})\, dt - \int_{K^*} F(t, N, p, \dot{p})\, dt < 0 .$$

Durch eine Ableitung, die von dieser Beziehung ausgeht, ergibt sich für ein Maximum die folgende Bedingung[32]:

$$F_{\dot{p}\dot{p}} < 0 . \tag{6.46}$$

Diese Ungleichung wird *Legendre*-Bedingung genannt.

2. Berechnung der Bedingungen

Für die unter Abschnitt III des 6. Kapitels dargestellten Probleme ist die *Jacobi*-Gleichung automatisch erfüllt, da ja nur eine einzige Kurve für $p(t)$ existiert.

Um die *Jacobi*-Gleichung für das Problem unter Abschnitt IV des 6. Kapitels ermitteln zu können, muß die Gleichung für den Preispfad $p(t)$, Gleichung (6.29), anders geschrieben werden, nämlich als[33]:

$$p(t) = \bar{p}(t) + d_0 \cosh r(t_1 - t_0) + C \sinh r(t_1 - t_0) . \tag{6.47}$$

C, der Scharparameter, ist somit gleich $C_1 - C_2$.

Aus Gleichung (6.47) kann die für die *Jacobi*-Gleichung benötigte Größe $\partial p(t)/\partial C$ ermittelt werden:

$$\frac{\partial p(t)}{\partial C} = \sinh r(t_1 - t_0) .$$

Die Ableitung dieser Größe nach t ist:

$$\frac{\partial^2 p(t)}{\partial C\, \partial t} = r \cosh r(t_1 - t_0) .$$

Die übrigen für die *Jacobi*-Gleichung benötigten Beziehungen können aus

$$P = \int_{t_0}^{t_1} [p(t)\, y(t) - C(t)]\, dt$$

unter Berücksichtigung von (6.18) und (6.21) ermittelt werden:

$$F_{pp} = 2\, a_1 - 2\, a_1^2\, b_2 ,$$

$$F_{p\dot{p}} = a_3 - 2\, a_1\, a_3\, b_2 \quad \text{und}$$

$$F_{\dot{p}\dot{p}} = -2\, a_3^2\, b_2 .$$

---

[32] Ebenda, S. 118.

[33] Vgl. hierzu: *G. C. Evans*, a. a. O., S. 151.

Die *Jacobi*-Gleichung lautet nun:

$$(2\,a_1 - 2\,a_1^2\,b_2)\sinh r(t_1 - t_0) + 2\,a_3^2\,b_2\,r^2 \sinh r(t_1 - t_0) = 0\,.$$

Unter Berücksichtigung der Definition von r^2 ergibt sich:

$$(2\,a_1 - 2\,a_1^2\,b_2) + \frac{2\,a_3^2\,b_2\,a_1\,(a_1\,b_2 - 1)}{a_3^2\,b_2} = 0 \quad \text{oder}$$

$$0 = 0\,.$$

Die *Jacobi*-Gleichung ist also erfüllt.

Für das Problem unter Abschnitt IV des 6. Kapitels ergibt die *Legendre*-Bedingung:

$$F_{\dot{p}\dot{p}} = -2\,a_3^2\,b_2 < 0\,.$$

Die ermittelten Extremale ergeben somit Profitmaxima.

VI. Profitmaximierung bei Qualitätsvariation neuer Produkte

1. Bestimmung des Zeitpfades der Qualität $q(t)$

Vereinfachenderweise haben wir in den Abschnitten III und IV des 6. Kapitels die Qualität aus der Nachfragefunktion ausgeklammert.

Wir nehmen nun an, daß die betrachtete Unternehmung erst Qualitätsvariationen durchzuführen beginnt, wenn das neue Produkt seine Sättigungsmenge erreicht hat. Diese Annahme ist deshalb realistisch, weil viele Unternehmungen den Marktanteil ihrer Produkte dadurch zu erhalten versuchen, indem sie diese qualitätsmäßig variieren.

Die betrachtete Unternehmung setze sich als Ziel im Zeitraum t_1, t_2 vom gegebenen Qualitätsstand im Zeitpunkt t_1 ausgehend in t_2 den optimalen Qualitätsstand zu erreichen. In der Nachfragefunktion sei zudem ein spekulatives Element enthalten. Es wird weiterhin vorausgesetzt, daß nicht nur der Qualitätsstand q Kosten verursacht, sondern auch die Veränderung des Qualitätsstandards $\dot{q}$. Diese Kosten sind als Forschungskosten für Qualitätsänderungen aufzufassen.

Wir gehen also von folgenden Funktionen aus:

(4.33) $$y(t) = f\,(p, q, \dot{p}) \quad \text{und}$$

(3.18) $$C(t) = C\,(y, q, \dot{q})\,.$$

Damit ist die nachstehende Funktion zu maximieren:

(6.48)
$$P = \int_{t_1}^{t_2} [p \cdot f(p, q, \dot{p}) - C(y, q, \dot{q})]\, dt \quad \text{oder}$$
$$P = \int_{t_1}^{t_2} F(p, q, \dot{p}, \dot{q})\, dt\,.$$

Die Bedingungen für ein Maximum von P sind durch die *Euler*-Gleichungen gegeben:

(6.49)
$$F_p - \frac{d}{dt} F_{\dot{p}} = 0 \quad \text{und}$$

(6.49 a)
$$F_q - \frac{d}{dt} F_{\dot{q}} = 0\,.$$

Werden nun als spezielle Beziehungen für (4.33) und (3.18)

(6.50)
$$y(t) = a_0 + a_1\, p + a_2\, q + a_3\, \dot{p} \quad \text{und}$$

(6.51)
$$C(t) = b_0 + b_1\, y + b_2\, y\, q + b_3\, \dot{q}^2$$

angenommen, so ergibt sich für die *Euler*-Gleichungen:

(6.52)
$$(a_0 - a_1\, b_1) + (a_2 - a_1\, b_2)\, q + a_3\, b_2\, \dot{q} + 2\, a_1\, p = 0\,,$$

sowie

(6.53)
$$-(a_2\, b_1 + a_0\, b_2) + (a_2 - a_1\, b_2)\, p - a_3\, b_2\, \dot{p} - 2\, a_2\, b_2\, q + 2\, b_3\, \dot{q} = 0\,.$$

Da wir den Qualitätspfad $q(t)$ ermitteln wollen, müssen wir aus diesen beiden Beziehungen eine Differentialgleichung für q bilden. Zu diesem Zweck lösen wir Gleichung (6.52) nach p auf:

(6.54)
$$p = -\frac{(a_0 - a_1\, b_1)}{2\, a_1} - \frac{a_2 - a_1\, b_2}{2\, a_1}\, q - \frac{a_3\, b_2}{2\, a_1}\, \dot{q}\,.$$

Nun bilden wir $\dot{p}$ und ersetzen p und $\dot{p}$ in Gleichung (6.53). Dies ergibt:

(6.55)
$$\frac{d^2 q}{dt^2} - \frac{(a_2 + a_1\, b_2)^2}{a_3^2\, b_2^2 + 4\, a_1\, b_3}\, q + \frac{(-a_0 - a_1\, b_1)\,(a_2 + a_1\, b_2)}{a_3^2\, b_2^2 + 4\, a_1\, b_3} = 0\,.$$

Die partikuläre Lösung dieser Differentialgleichung, die gleichzeitig dem statischen Optimalwert von q entspricht, ist:

$$\bar{q} = \frac{-a_0 - a_1\, b_1}{a_2 + a_1\, b_2}\,.$$

Der Lösungsansatz für die komplementäre Lösung von (6.55) ist

$$C e^{rt}.$$

Aus (6.55) ergibt sich:

$$C e^{rt} \left(r^2 - \frac{(a_2 + a_1 b_2)^2}{a_3^2 b_2^2 + 4 a_1 b_3} \right) = 0.$$

Für r erhält man also:

$$r = \frac{a_2 + a_1 b_2}{\sqrt{a_3^2 b_2^2 + 4 a_1 b_3}} \quad \text{und} \quad -r = -\frac{a_2 + a_1 b_2}{\sqrt{a_3^2 b_2^2 + 4 a_1 b_3}}.$$

Die Lösung der Differentialgleichung (6.55) ist damit:

$$q(t) = \bar{q} + C_1 e^{r(t-t_1)} + C_2 e^{-r(t-t_1)}. \tag{6.56}$$

Die Konstanten C_1 und C_2 werden mit Hilfe der Anfangs- und Endwerte der Qualität $q(t_1)$ und $q(t_2)$ bestimmt:

$$C_1 = \frac{d_2 - d_1 e^{-r(t_2-t_1)}}{e^{r(t_2-t_1)} - e^{-r(t_2-t_1)}} \quad \text{und} \tag{6.57}$$

$$C_2 = \frac{d_2 - d_1 e^{r(t_2-t_1)}}{e^{-r(t_2-t_1)} - e^{r(t_2-t_1)}}, \tag{6.58}$$

wobei $d_1 = q(t_1) - \bar{q}$ und $d_2 = q(t_2) - \bar{q}$ sind.

Der Verlauf von $q(t)$ ist damit eindeutig bestimmt.

2. Diskussion der Lösung

Aufgrund der Definition von r ist ersichtlich, daß für den Verlauf von $q(t)$ drei Fälle unterschieden werden müssen.

a) Die reelle Lösung

Der erste Fall ergibt sich, wenn r reelle Werte hat, d. h. wenn

$$a_3^2 b_2^2 > |4 a_1 b_3|$$

ist. $q(t)$ weist dann ein Extremum auf, wenn

$$r \left[C_1 e^{r(t-t_1)} - C_2 e^{-r(t-t_1)} \right] = 0$$

ist. Diese Beziehung kann geschrieben werden als:

$$e^{2r(t-t_1)} = \frac{C_2}{C_1}.$$

Da $q(t)$ innerhalb von t_1, t_2 einen Extremwert haben muß, gilt:

$$e^{2r(t_2-t_1)} \geqq \frac{C_2}{C_1}.$$

Unter Berücksichtigung von (6.57) und (6.58) ergibt sich für diese Bedingung:

$$\text{(6.59)} \qquad \cosh r(t_2-t_1) \geqq \frac{d_1}{d_2} \geqq \frac{1}{\cosh r(t_2-t_1)}.$$

Da $\cosh\, r(t_2-t_1)$ und $1/\cosh\, r(t_2-t_1)$ immer positiv sind, ist ein Extremwert nur vorhanden, wenn d_1 und d_2 beide dasselbe Vorzeichen aufweisen. Andernfalls ist $q(t)$ entweder exponentiell steigend oder fallend.

Ob nun der Extremwert von $q(t)$ ein Minimum oder ein Maximum ist, wird durch das Vorzeichen von $\dot{q}(t_1)$ bestimmt. Diese Größe ist

$$\dot{q}(t_1) = r(C_1 - C_2).$$

Da r positiv ist, ist $C_1 - C_2$ für das Vorzeichen von $\dot{q}(t_1)$ entscheidend:

$$C_1 - C_2 = \frac{d_2 - d_1 \cosh r(t_2-t_1)}{\sinh r(t_2-t_1)}.$$

$\sinh\, r(t_2-t_1)$ ist für alle positiven Werte von rt positiv[34]. Somit wird das Vorzeichen von $C_1 - C_2$ durch $d_2 - d_1 \cosh\, r(t_2 - t_1)$ bestimmt. Aufgrund von (6.59) ist $d_1 \cosh\, r(t_2-t_1) > d_2$. Deshalb kann als Ergebnis festgehalten werden:

Wenn d_1 und d_2 beide negativ sind, weist $q(t)$ ein Maximum auf, sind d_1 und d_2 positiv, so ergibt sich ein Minimum.

Dieses Ergebnis und auch die obige Kurvendiskussion sind analog zur Analyse in Abschnitt IV.2 des 6. Kapitels.

Graphisch ist der Verlauf von $q(t)$ für reelle Werte von r in Darstellung 8 aufgezeichnet.

b) Die konstante Lösung

Der zweite Fall für den Verlauf von $q(t)$ ergibt sich, wenn

$$a_3^2\, b_2^2 = |4\, a_1\, b_3|$$

[34] Vgl. *A. W. Goodman*, a. a. O., S. 266.

ist. r ist dann gleich unendlich. Das bedeutet, daß es für die Unternehmung lohnend ist, dermaßen in die Forschung für Qualität zu investieren, daß $\bar{q}$ sofort erreicht wird. $q(t)$ würde dann von $\bar{q}$ nicht mehr abweichen.

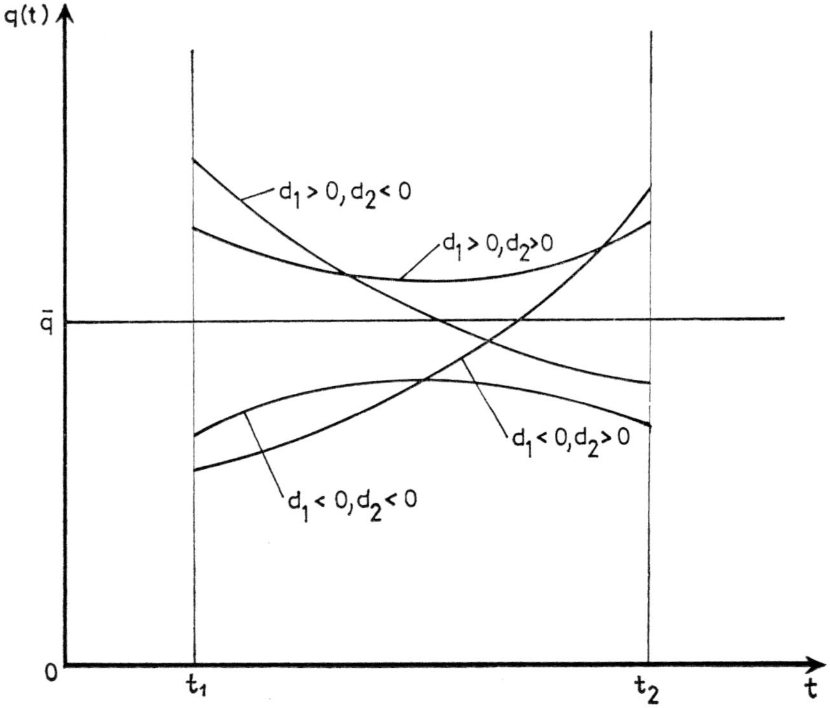

Abb. 8

Der Verlauf von $q(t)$ ist für diesen Fall in Darstellung 9 wiedergegeben.

c) Die imaginäre Lösung

Für den Fall, daß $a_3^2\, b_2^2 < |4\, a_1\, b_3|$ ist, muß die Gleichung für $q(t)$ folgendermaßen geschrieben werden[35]:

(6.60) $$q(t) = \bar{q} + C_1\, e^{-ri(t-t_1)} + C_2\, e^{ri(t-t_1)},$$

[35] Vgl. für die nachstehende Analyse mit komplexen Zahlen und trigonometrischen Funktionen:
A. C. Chiang, a. a. O., S. 469 ff.

wobei

$$v = \frac{a_2 + a_1 b_2}{\sqrt{-4 a_1 b_3 - a_3^2 b_2^2}}, \quad -v = -\frac{a_2 + a_1 b_2}{\sqrt{-4 a_1 b_3 - a_3^2 b_2^2}},$$

$$i = \sqrt{-1} \quad \text{und} \quad 1/i = -i$$

sind.

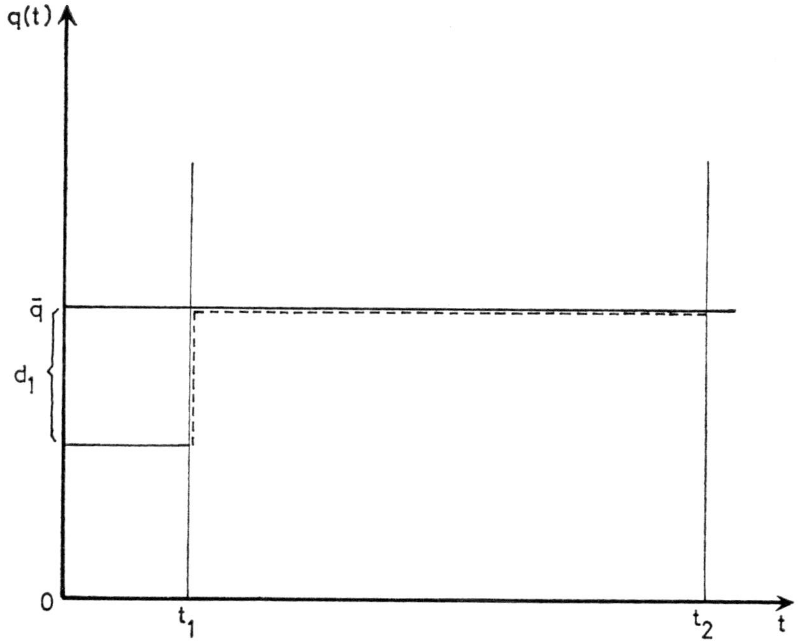

Abb. 9

Die beiden e-Ausdrücke können wie folgt geschrieben werden:

$$e^{vi(t-t_1)} = \cos v(t-t_1) + i \sin v(t-t_1) \quad \text{und}$$

$$e^{-vi(t-t_1)} = \cos v(t-t_1) - i \sin v(t-t_1).$$

Der Zeitpfad für die Qualität wird dadurch zu:

(6.61) $$q(t) = \bar{q} + C_3 \cos v(t-t_1) + C_4 \sin v(t-t_1),$$

wobei

$$C_3 = C_1 + C_2 \quad \text{und} \quad C_4 = (C_2 - C_1)\,i \quad \text{sind.}$$

Die Werte von C_3 und C_4 können aufgrund von $q(t_1)$ und $\dot{q}(t_1)$ gefunden werden. Da d_1 gegeben und negativ ist, können wir $\dot{q}(t_1)$ gleich s, einer positiven Konstanten setzen. Es ergibt sich:

$$q(t_1) = \bar{q} + C_3,$$

da

$$\cos 0 = 1 \quad \text{und} \quad \sin 0 = 0 \quad \text{sind.}$$

Für die Ableitung von q nach der Zeit im Zeitpunkt t_1 erhält man:

$$\dot{q}(t_1) = s = C_4\, v\,,$$

weil

$$\frac{d(\cos vt)}{dt} = -v \sin vt \quad \text{und} \quad \frac{d(\sin vt)}{dt} = v \cos vt$$

ergeben.

Die Gleichung für $q(t)$ ist damit:

(6.62) $$q(t) = \bar{q} + d_1 \cos v(t - t_1) + \frac{s}{v} \sin v(t - t_1)\,,$$

da aufgrund der Definitionen von C_1 und C_2

$$C_3 = C_1 + C_2 = d_1$$

ist.

Der Qualitätsverlauf ist somit in diesem dritten Fall durch gleichmäßige Schwingungen um $\bar{q}$ gegeben. Graphisch ist er in Abbildung 10 dargestellt.

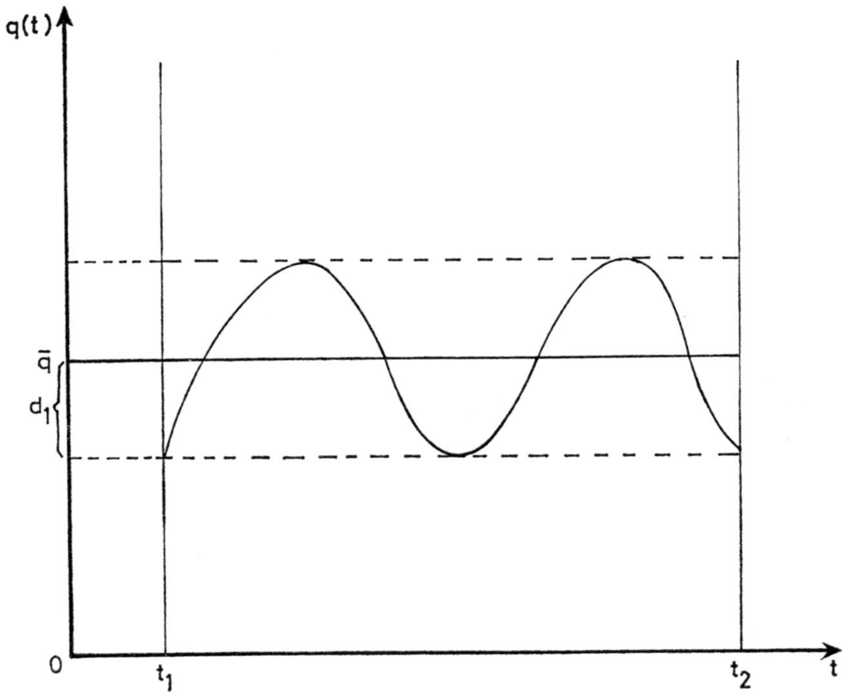

Abb. 10

d) Oekonomische Interpretation der verschiedenen Lösungen

Jeder der drei möglichen Fälle des Qualitätsverlaufs kann als typisch für bestimmte Gütergruppen bezeichnet werden.

Die in Darstellung 8 enthaltenen Kurven der Entwicklung von Güterqualitäten sind abhängig von der Art des Gutes und vor allem von der Qualitätspolitik der betrachteten Unternehmung. So beschreibt die stetig steigende Kurve in dieser Darstellung ein Gut bei dem die Qualität ständig verbessert wird, die stetig fallende Kurve das Gegenteil.

Im Falle der konstanten Lösung (Darstellung 9) hängt der Qualitätsverlauf weniger von der Qualitätspolitik einer Unternehmung als von der Art des Gutes ab. Es gibt Güter, die nur in ihrer bestmöglichen Qualitätsausführung einen Marktwert haben. Solche sind z. B. gewisse Pharmazeutika, Präzisionsapparate oder bestimmte Luxusgüter. Bei solchen Gütern besteht das profitmaximierende Verhalten der Unternehmung darin, bei Einführung eines neuen Produkts dermaßen in die Qualitätsforschung zu investieren, daß der optimale Qualitätsstandard sofort erreicht wird.

Schließlich könnte man sich die dritte Art des Qualitätsverlaufes (Darstellung 10) als kennzeichnend für Modegüter denken. Bei solchen Gütern erreicht die Qualität bei regelmäßigen Schwingungen um ihren Gleichgewichtswert diesen nur an bestimmten Punkten.

3. Der optimale Zeitpfad für $q(t)$

Bei gegebenem d_1 wird der optimale Endpunkt $[q(t_2), t_2]$ durch die Bedingung

$$F_{\dot{q}}\Big|_{t=t_2} = 0$$

bestimmt[36]. In unserm Falle lautet diese Bedingung:

$$-2\, b_3\, \dot{q}(t_2) = 0\,.$$

Die erste Ableitung von $q(t)$ nach der Zeit muß also im Zeitpunkt t_2 gleich Null sein:

$$r\,[C_1\, e^{r(t_2-t_1)} - C_2\, e^{-r(t_2-t_1)}] = 0\,.$$

Umgeformt ergibt diese Beziehung unter Berücksichtigung von (6.57) und (6.58):

$$d_2 = d_1 \operatorname{sech} r(t_2 - t_1)\,. \qquad (6.63)$$

[36] *L. E. Elsgolc*, a. a. O., S. 75.

Die Funktion *sech* x strebt mit großem x gegen Null[37]. Das bedeutet, daß d_2 im Zeitpunkt t_2 verschwindet, d. h. $q(t)$ nähert sich asymptotisch an $\bar{q}$ an. Dies gilt aber nur für reelle Werte von r. Der Verlauf von $q(t)$ ist in diesem Fall durch Darstellung 11 wiedergegeben.

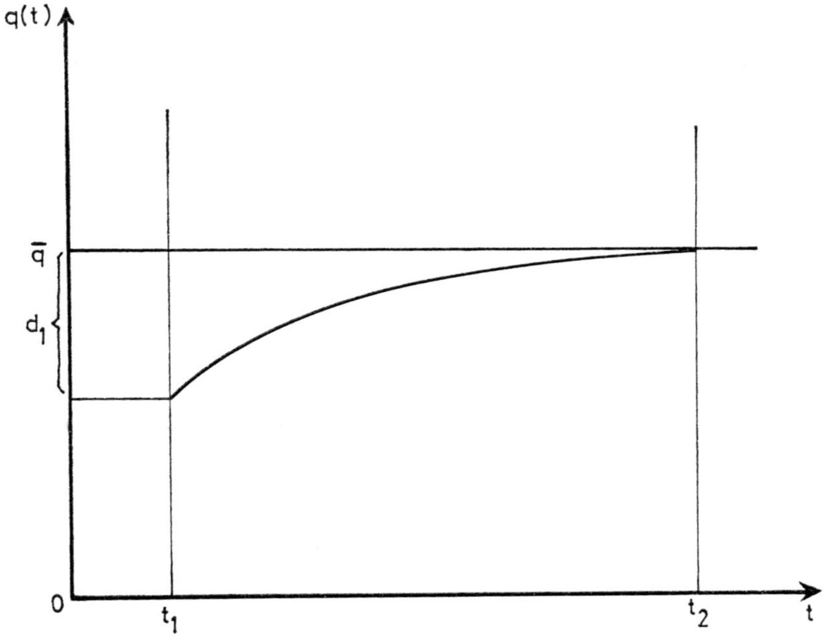

Abb. 11

Wenn r imaginär ist, besteht bei gegebenem d_1 ein einziger Zeitpfad für $q(t)$, der gleichzeitig auch optimal ist. Dieser Pfad ist in Graphik 10 dargestellt. Auch in diesem Falle muß der Unternehmer den Zeitpunkt t_2 so wählen, daß $\dot{q}(t_2)$ gleich Null ist.

4. Maximumbedingungen zweiter Ordnung

Wenn die entsprechenden Größen, die aus Gleichung (6.48) errechnet werden, in die *Jacobi*-Gleichung eingesetzt werden, so ergibt sich, daß diese nicht erfüllt ist.

---

37 Vgl. *A. W. Goodman*, a. a. O., S. 266.

Die *Jacobi*-Gleichung ist

$$\left(F_{qq} - \frac{d}{dt} F_{q\dot{q}}\right) \frac{\partial q(t, C)}{\partial C} - \frac{d}{dt} \left(F_{\dot{q}\dot{q}} \frac{\partial^2 q(t, C)}{\partial C \, \partial t} \right) = 0 .$$

Sie ergibt für unsern Fall:

$$a_3^2 \, b_2^2 > 0 .$$

Die *Jacobi*-Gleichung kann für unser Problem nicht erfüllt sein, da bei gegebenem d_1 der Wert r reell oder imaginär sein kann. Es besteht daher die Möglichkeit, daß sich Extremale schneiden können.

Damit nun die Extremale für $q(t)$, die aus $F(t, p, q, \dot{p}, \dot{q})$ errechnet werden können, Profitmaxima ergeben, muß die *Legendre*-Bedingung erfüllt sein. Diese ist in unserm Fall:

$$F_{\dot{q}\dot{q}} = -2 \, b_3 < 0 .$$

Da b_3 positiv ist liegen jeweils Profitmaxima vor.

5. Der Verlauf von $p(t)$

Wenn der optimale Pfad von $q(t)$ gefunden ist, ist auch der profitmaximierende Verlauf von $p(t)$ eindeutig bestimmt. Er kann mit Hilfe der Beziehungen (6.54) und (6.56) ermittelt werden. Qualitativ gesehen ist der Verlauf von $p(t)$ derselbe wie derjenige für $q(t)$.

Schlußbemerkungen

Zum ersten Teil, dem Versuch einer Abgrenzung des produkttechnischen Fortschritts, kann gesagt werden, daß die herausgearbeitete Definition, die auf der Größe der Nachfrageelastizität der Qualität beruht, im Rahmen dieser Arbeit ihren Zweck erfüllt. Dies ist vor allem der Fall für die Untersuchung der Zusammenhänge zwischen Produktdifferenzierung und Profiten. Das heißt aber nicht, daß wir diese Definition als die einzig mögliche betrachten. Unserer Ansicht nach muß für jede Analyse eine zweckgerichtete Definition geschaffen werden, die an der Zielsetzung der entsprechenden Untersuchung ausgerichtet ist.

Die Analyse des Zusammenhanges zwischen Produktdifferenzierung und Profiten (Kapitel 5) ergibt, daß die Bedingungen für die Profitmaxima durch den Produktpreis, die durchschnittlichen Qualitätskosten, die Elastizität des Nutzens in bezug auf die Qualität und ein System von Substitutionselastizitäten und Einkommenselastizitäten bestimmt werden. Dies zeigen die Beziehungen (5.41), (5.59), (5.67), (5.75) und (5.76). Die obige Aussage gilt sowohl für den Fall von Preisreaktionen als auch von Qualitätsreaktionen der Konkurrenten. Die Darstellung in Kapitel 5 ist somit eine Rechtfertigung des erweiterten *Dorfman-Steiner*-Modells (Abschnitt I des 5. Kapitels) durch die Eigenschaften der Nutzenfunktion. Es zeigt sich aber, daß die statische Analyse der Beziehungen zwischen Produktdifferenzierung und Profiten rasch auf Grenzen stößt und deshalb nicht sehr befriedigend ist.

Der Grund dafür, daß statische Formulierungen von Problemen des heutigen Wirtschaftsgeschehens nicht mehr befriedigend sind, liegt darin, daß dieses Geschehen essentiell dynamisch ist. Die Wirtschaftssubjekte beschäftigen sich nicht mehr mit absoluten Größen, sondern mit Veränderungen von Größen, ja sogar mit der Intensität dieser Veränderungen. Das heißt nun nicht, daß statische Theorien wertlos sind. Das Gegenteil ist der Fall. Die statischen Theorien dienen einmal dazu, ein Problem zu erfassen. Des weiteren hat jede dynamische Lösung irgendeines Problems eine Gleichgewichtslösung, die der statischen Lösung entspricht.

Aufgrund dieser Überlegungen haben wir versucht, den Zusammenhang zwischen neuen Produkten und Profiten dynamisch zu formulieren und zu lösen. Wir konnten uns dabei auf das Modell von *G. C. Evans* stützen (Abschnitt II des 6. Kapitels).

In den Abschnitten III bis V des 6. Kapitels haben wir den optimalen Preispfad für ein neues Produkt während einer Planungsperiode $t_0 - t_1$ ermittelt. Ferner wurde die profitmaximierende Größe des Neuheitswerbestockes N im Zeitpunkt t_0 bestimmt. Dabei zeigte es sich, daß im Falle einer linearen Kostenfunktion das spekulative Element in der Nachfragefunktion $(a_3\, \dot{p})$ keine Auswirkungen auf den Preisverlauf hatte. Dagegen wirkte sich die Preisspekulation der Konsumenten im Falle einer quadratischen Kostenfunktion auf den Preispfad $p(t)$ aus.

Im Abschnitt VI des 6. Kapitels haben wir den optimalen Qualitätspfad $q(t)$ eines neuen Produktes, das seine Sättigungsmenge $\bar{y}$ erreicht hat, für den Planungszeitraum $t_1 - t_2$ betrachtet. Je nach dem Wert einiger Parameter der Nachfrage- und der Kostenfunktion, ergaben sich verschiedene Qualitätsverläufe.

Obwohl die Modellhypothesen für die Analyse in Kapitel 6 einfach waren, ergaben sich doch mehrmals unübersichtliche Ausdrücke, deren Interpretation nicht leicht war. Zum Beispiel ist es nicht gelungen, einen eindeutigen Ausdruck für die Größe des Stocks der Neuheitswerbung im Zeitpunkt t_0, $N(t_0)$ zu finden. (Vgl. Formel 6.32b).

Trotz der in diesem Teil der Darstellung aufgetretenen Schwierigkeiten betrachten wir die Art des Vorgehens als grundsätzlich richtig. Eine Bestätigung dafür geben vor allem neuere Veröffentlichungen, die den Zusammenhang zwischen neuen Produkten und Profiten behandeln[1].

Im Hinblick auf das heutige Wirtschaftsgeschehen können wir abschließend feststellen, daß die Erarbeitung wirkungsvoller Modelle des produkttechnischen Fortschritts eine der wichtigsten Aufgaben der mikroökonomischen Theorie ist. Die Entwicklung, die durch die bahnbrechenden Arbeiten von *P. Sraffa*[2], *E. H. Chamberlin* und *Joan Robinson* ausgelöst wurde, ist vielleicht in den letzten Jahren in ihre entscheidende Phase getreten.

---

[1] Vgl. z. B.: *A. Charnes, W. W. Cooper, J. V. Devoe* und *D. B. Learner*: Demon, Mark II: An Extremal Equation Approach To New Product Marketing. Management Science, Series Theory, Bd. 14 (1968), S. 513—524.

[2] *P. Sraffa*: The Laws of Returns under Compctitive Conditions. Economic Journal, Bd. 36 (1926), S. 535—550.
Wiederabgedruckt in: Readings in Price Theory. Herausgegeben von G. J. Stigler und K. E. Boulding. London 1953, S. 180—197.

Literaturverzeichnis

Abbott, Lawrence: Vertical Equilibrium under Pure Quality Competition. American Economic Review, Bd. 43 (1953), S. 826—845

Adelman, Irma und Zvi *Griliches*: On an Index of Quality Change. Journal of the American Statistical Association, Sept. 1961, S. 535—549

Allen, Roy G. D.: Mathematical Analysis for Economists. 10. Auflage, London 1962 (1. Auflage 1938)

Amoroso, Luigi: Die statische Angebotskurve. In: Preistheorie, Herausgeber: A. E. Ott, Köln—Berlin 1965, S. 165—194. Original: La curva statica di offerta. Giornale degli Economisti e Rivista di Statistica. Bd. 70 (1930), S. 1—26

Aristoteles: Metaphysik. Übersetzung von Hermann Bonitz. Rohwohlts Klassiker der Literatur und Wissenschaft, Bd. 10, 1966

Bain, A. D.: The Growth of Television Ownership in the United Kingdom since the War. Cambridge 1964

Bain, John S.: The Profit Rate as a Measure of Monopoly Power. Quarterly Journal of Economics, Bd. 55 (1941), S. 271—294

Baumol, William J.: Business Behavior, Value and Growth. New York 1959

Borchardt, Knut: Die Veränderlichkeit der Konsumgüterstruktur in der wachsenden Wirtschaft. Schriften des Vereins für Socialpolitik, neue Folge, Bd. 34 (1965), S. 113—131

Brems, Hans: The Interdependence of Quality Variations, Selling Effort and Price. Quarterly Journal of Economics, Bd. 62 (1948), S. 418—440

— Product Equilibrium under Monopolistic Competition. Cambridge (Mass.) 1951

— Input-Output Coefficients as Measures of Product Quality. American Economic Review, Bd. 47 (1957), S. 105—118

Burtis, Theodore A.: Festlegung der Aufgabe des Forschungsleiters. In: Die Entwicklung neuer Produkte, American Management Association-Schriftenreihe, Bd. 7, Düsseldorf 1960

Chamberlin, Edward H.: The Theory of Monopolistic Competition. 8. Auflage, Cambridge (Mass.) 1962 (1. Auflage 1933)

Charnes, A., W. W. *Cooper*, J. V. *Devoe* und D. B. *Learner:* Demon, Mark II: An Extremal Equation Approach To New Produkt Marketing. Management Science, Series Theory, Bd. 14 (1968), S. 513—524

Chiang, Alpha C.: Fundamental Methods of Mathematical Economics. New York 1967

Danø, Sven: Industrial Production Models. Wien—New York 1966

Dhrymes, Phoebus J.: On Optimal Advertising Capital and Research Expenditures under Dynamic Conditions. Economica, Bd. 29 (1962), S. 275—279

Dorfman, Robert und Peter O. *Steiner*: Optimal Advertising and Optimal Quality. American Economic Review, Bd. 44 (1954), S. 826—836

Drewnowski, Jan: The Classification of Commodities and the Problem of Competition and Monopoly. Studja Ekonomiczne, Bd. 41, Krakau 1935, S. 41—55

Duesenberry, James S.: Income, Saving and the Theory of Consumer Behavior. 3. Auflage, Cambridge (Mass.) 1959 (1. Auflage 1949)

Edgeworth, Francis Y.: Mathematical Psychics. London 1881

Elsgolc, L. E.: Calculus of Variations. Oxford 1963 (1. Auflage 1961)

Evans, Griffith C.: Mathematical Introduction to Economics. New York 1930

Fleck, Florian H.: Die Messung des technischen Fortschritts im Rahmen des gesamtwirtschaftlichen Wachstumsprozesses. Wien—New York 1966

Frisch, Ragnar: Theory of Production. Dordrecht 1965

Gabor, André und Clive *Granger*: The Pricing of New Products. Scientific Business, Aug. 1965, S. 141—150.

Gleicher, David B.: Mobilizing Resources for Product Innovation. In: Uncertainty in Research Management and New Product Development. Herausgeber: R. M. Hainer, S. Kingsbury und D. B. Gleicher, New York, Amsterdam, London 1967, S. 119—131

Goldberger, Arthur S.: Econometric Theory. 2. Auflage, New York 1965 (1. Auflage 1964)

Goodman, A. W.: Analytic Geometry and the Calculus. New York 1963.

Gossen, Hermann Heinrich: Entwicklung der Gesetze des menschlichen Verkehrs und der daraus fließenden Regeln für menschliches Handeln. Braunschweig 1854.

Teilabdruck von S. 1 ff., in: E. Schneider: Einführung in die Wirtschaftstheorie. IV. Teil, 1. Bd., Tübingen 1962, S. 173—185

Henderson, James M. und Richard E. *Quandt*: Microeconomic Theory. New York 1958

Hicks, John R.: The Theory of Wages. 2. Auflage, London 1963 (1. Auflage 1932)

— Value and Capital. Oxford 1962 (1. Auflage 1939)

Hicks, John R. und Roy G. D. *Allen*: Eine erneute Betrachtung der Werttheorie. In: Preistheorie, Herausgeber: A. E. Ott, Köln—Berlin 1965. Original: A Reconsideration of the Theory of Value. Economica, ns, Bd. 1 (1934), Teil I, S. 52—76, Teil II, S. 196—219

Hofsten, Erland von: Price Indexes and Quality Changes. Stockholm 1952

Houthakker, Hendrik S.: Compensated Changes in Quantities und Qualities Consumed. Review of Economic Studies, Bd. 19/20 (1951/52—1952/53), S. 155 bis 164

Johnston, J.: Econometric Methods. New York 1963

Keirstead, Burton S.: An Essay in the Theory of Profits and Income Distribution. Oxford 1953

Kellerer, Hans: Theorie und Technik des Stichprobenverfahrens. Einzelschriften der Deutschen Statistischen Gesellschaft, 3. Auflage, München 1963

Knight, Frank H.: Risk, Uncertainty and Profit. 8. Auflage, New York 1957 (1. Auflage 1921)

Krelle, Wilhelm: Preistheorie. Tübingen—Zürich 1961

Kruse, Albrecht: Die Produktdifferenzierung in Theorie und Praxis. Herausgegeben von K. Mellerowicz, Freiburg 1960

Lancaster, Kelvin J.: Change and Innovation in the Technology of Consumption. American Economic Review, Papers and Proceedings, Bd. 56 (1966), S. 14—23

Leibenstein, Harvey: Mitläufer-, Snob- und Veblen-Effekte in der Theorie der Konsumentennachfrage. In: Konsum und Nachfrage, Herausgeber: Erich und Monika Streissler. Köln—Berlin 1966. S. 231—253

Original: Bandwagon, Snob and Veblen Effects in the Theory of Consumers' Demand. Quarterly Journal of Economics, Bd. 64 (1950), S. 183—207

Leontief, Wassily: Composite Commodities and the Problem of Index Numbers. Econometrica, Bd. 4 (1936), S. 39—59

Lerner, Abba P.: Der Begriff des Monopols und die Bestimmung der Monopolmacht. In: Preistheorie, Herausgeber: A. E. Ott, Köln—Berlin 1965. Original: The Concept of Monopoly and the Measurement of Monopoly Power. The Review of Economic Studies, Bd. 1 (1933/34), S. 157—175

Mangoldt, H. v. und Konrad *Knopp*: Einführung in die höhere Mathematik, 3 Bände, 13. Auflage, Stuttgart 1968

Mansfield, Edwin: The Economics of Technological Change. New York 1968

— Industrial Research and Technological Innovation. New York 1968

Marshall, Alfred: Principles of Economics. 8. Auflage, London 1962 (1. Auflage 1890)

Marvin, Philip: Einleitung zum Sammelwerk: Die Entwicklung neuer Produkte. American Management Association — Schriftenreihe, Bd. 7, Düsseldorf 1960

Menger, Carl: Grundsätze der Volkswirtschaftslehre. 2. Auflage, Leipzig 1923 (1. Auflage 1871)

Nerlove, Marc und Kenneth J. *Arrow*: Optimal Advertising Policy under Dynamic Conditions. Economica, Bd. 29 (1962), S. 129—142

Nöh, Dieter: Reklamepolitik und Produktvariation in der Preistheorie. Eine dogmenkritische Analyse. Frankfurter Dissertation 1957

Recktenwald, Horst C.: Zur Lehre von den Marktformen. In: Preistheorie, Herausgeber: A. E. Ott, Köln—Berlin 1965. Original: Weltwirtschaftliches Archiv, Bd. 67 (1951), S. 298—326

Redlich, Fritz: Artikel „Unternehmer" im Handwörterbuch der Sozialwissenschaften, Bd. 10, Tübingen—Göttingen 1959

Rieger, H. R. W.: Der Güterbegriff in der Theorie des Qualitätswettbewerbs. Berlin 1962

Robinson, Joan: The Economics of Imperfect Competition. London 1964 (1. Auflage 1933)

Roos, Charles F.: Dynamic Economics. Bloomington, Ind., 1934

Samuelson, Paul A.: Foundations of Economic Analysis. Cambridge (Mass.) 1955

Schumpeter, Josef A.: Theorie der wirtschaftlichen Entwicklung. 2. Auflage, München und Leipzig 1926

Slutsky, Eugen E.: Zur Theorie des Verbraucherbudgets. In: Preistheorie, Herausgeber: A. E. Ott, Köln—Berlin 1965, S. 88—116

Original: Sulla teoria del bilancio del consumatore. Giornale degli Economisti, Bd. 51 (1915), S. 1—26

Sraffa, Piero: The Laws of Returns under Competitive Conditions. Economic Journal, Bd. 36 (1926), S. 535—550.

Wiederabgedruckt in: Readings in Price Theory, London 1953. Herausgegeben von G. J. Stigler und K. E. Boulding, S. 180—197

Stackelberg, Heinrich von: Theorie der Vertriebspolitik und der Qualitätsvariation. In: Preistheorie, Herausgeber: A. E. Ott, Köln—Berlin 1965, S. 280—319.

Original: Schmollers Jahrbuch für Gesetzgebung, Verwaltung und Volkswirtschaft im Deutschen Reiche, Bd. 63 (1939), S. 43—85

— Grundlagen der theoretischen Volkswirtschaftslehre. 2. Auflage, Tübingen—Zürich 1951. (1. Auflage: Grundzüge der theoretischen Volkswirtschaftslehre, Stuttgart 1943)

Theil, Henri: Qualities, Prices and Budget Enquiries. Review of Economic Studies, Bd. 19/20 (1951/52, 1952/53), S. 129—147

Veblen, Thornstein: The Theory of the Leisure Class. 2. Auflage London 1949 (1. Auflage 1925)

Walras, Léon: Elements d'économie pure ou la théorie de la richesse sociale. 2. Auflage, Lausanne 1889 (1. Auflage 1874—1877)

Wold, Herman und Lars *Jureen* : Demand Analysis. New York—Stockholm 1962 (1. Auflage 1953)

Wu Shih-Yen und Jack A. *Pontney*: An Introduction to Modern Demand Theory. New York 1963

Volkswirtschaftliche Schriften

34 **Das System der Einkommensverteilung in der sozialistischen Marktwirtschaft Jugoslawiens.** Von *I. Weitzmann.* 147 S. 1958. DM 18,—

35 **Steuerüberwälzungslehre.** Von *H. C. Recktenwald.* 2. Aufl. 219 S. 1966. Brosch. DM 28,—; Ln. DM 32,—

36 **Verkaufswerbung — ihre Technik, Psychologie und Ökonomie.** Von *G. Friedrichs.* 183 S. 1958. DM 22,20

37 **Die Kategorien des ökonomischen Denkens.** Von *Ch. E. Weber.* 120 S. 1958. DM 11,80

38 **Der Lagerzyklus.** Von *H. Schimmler.* 113 S. 1958. DM 15,—

39 **Funktionsfähige Konkurrenz.** Von *K. Kühne.* VII, 282 S. 1958. DM 32,60

40 **Das Kapital und seine Besteuerung.** Von *G. Schmidt.* 247 S. 1959. DM 28,—

41 **Die Probleme der Währungskonvertierbarkeit.** Von *K. R. Hartung.* 147 S. 1959. DM 18,60

42 **Faktorelastizität und Beschäftigungsverlauf.** Von *H. Kasten.* 84 S. 1959. DM 10,80

43 **Konkurrenz und Kooperation.** Von *H. Habisreitinger.* 110 S. 1959. DM 13,80

44 **Marktwirtschaftliche Theorie des neutralen Geldes.** Von *H. H. Lechner.* 120 S. 1959. DM 14,80

45 **Europa-Markt und Wettbewerb.** Von *W. Hofmann.* 48 S. 1959. DM 5,60

46 **Die Veränderungen der Lohnstruktur.** Von *J. Klaus.* 116 S. 1959. DM 14,40

47 **Die wirtschaftliche Problematik der Raumordnung.** Von *D. Storbeck.* 201 S. 1959. DM 22,60

48 **Der Unternehmer und die volkswirtschaftliche Entwicklung.** Von *F. Rexhausen.* 129 S. 1960. DM 16,—

49 **Über die Problematik der internationalen währungspolitischen Kooperation.** Von *H. W. Prill.* 258 S. 1960. DM 28,—

50 **Welfare Economics.** Von *J. Pahlke.* 84 S. 1960. DM 9,80

51 **Außenhandel und Außenwirtschaftspolitik des Iran.** Von *A. Adli.* 314 S. 1960. DM 39,60

52 **Die Berechtigung sittlicher Werturteile in den Sozialwissenschaften.** Von *G. Weigand.* 120 S. 1960. DM 14,80

53 **Der gerechte Lohn.** Von *W. Baldamus.* 85 S. 1960. DM 11,60

54 **Die Theorie der Standortwahl.** Von *W. Meyer.* 298 S. 1960. DM 33,60

55 **Der Neoliberalismus und die Gestaltung der Wirtschaftsverfassung in der Bundesrepublik Deutschland.** Von *R. Behlke.* 223 S. 1961. DM 28,—

56 **Produktivität und Distribution im Lichte der deutschen gewerkschaftlichen Lehrmeinungen der Weimarer Epoche (1918—1933).** Von *K. M. Wrede.* 195 S. 1960. DM 19,60

57 **Zur Problematik des Miteigentums.** Von *A. von Loesch.* 102 S. 1961. DM 12,80

58 **Die Schweizer Bankobligationen unter Ausschluß der Pfandbriefe.** Von *H. Mohr.* 120 S. 1961. DM 14,80

59 **Deflationierungsmethoden im Rahmen der volkswirtschaftlichen Gesamtrechnung.** Von *B. Friedmann.* 156 S. 1961. DM 22,60

60 **Die Rolle des Staates in den Frühstadien der Industrialisierung.** Von *U. P. Ritter.* 176 S. 1961. DM 22,60

61 **Der langfristige Lieferantenkredit im Außenhandel (Exportkredit).** Von *S. Frhr. v. Stetten.* 151 S. 1962. DM 18,60

62 **Produktionstechnik, Kapital und Fortschritt.** Von *P. Bünte.* 107 S. 1961. DM 19,60

63 **Der Geldkreislauf.** Von *C. Köhler.* 229 S. 1962. DM 26,60

64 **Der Lohn.** Von *E. Bandholz.* 208 S. 1962. DM 26,60

65 **Automation.** Von *H. Tagwerker.* 151 S. 1962. DM 18,60

66 **Die Lombardpolitik der Zentralnotenbank.** Von *H. Haase.* 237 S. 1962. DM 33,60

67 **Der Güterbegriff in der Theorie des Qualitätswettbewerbs.** Von *H. R. W. Rieger.* 96 S. 1962. DM 12,60

68 **Vertikale Preisbildung.** Von *P. Wörmer.* 388 S. 1962. DM 48,—

69 **Die Recession der Jahre 1957/58 in den Vereinigten Staaten von Amerika unter besonderer Berücksichtigung des Preisverhaltens.** Von *P. Bohley.* 190 S. 1963. DM 24,80

70 **Der Rentenbegriff in der Wirtschaftstheorie.** Von *M. Klafkowski.* 215 S. 1963. DM 26,60

71 **Der freie Wechselkurs.** Von *D. Pentzek.* 96 S. 1963. DM 12,80

72 **Die Preisbildung der öffentlichen Unternehmen.** Von *H.-D. Lösenbeck.* 121 S. 1963. DM 16,60

73 **Das Selbstverständnis der ökonomischen Theorie.** Von *F. Jonas.* 236 S. 1964. DM 28,60

74 **Wettbewerbsordnung und Eliminierungsplanung.** Von *H. Braeutigam.* 134 S. 1964 DM 16,60

75 **Theorie des Datenrahmens.** Von *K. Holzer.* 135 S. 1964. DM 18,60

76 **Fiscal Policy in Großbritannien.** Von *K. Schierloh.* 227 S. 1964. DM 33,60

77 **Die Wirkungen internationaler Präferenzsysteme auf Preise und Handelsströme.** Von *K. Poser.* 160 S. 1964. DM 22,80

78 **System und Politik der Mindestreserve.** Von *K. P. Tudyka.* 168 S. 1964. DM 24,80

79 **Die Erbschaftsteuer als Mittel der Vermögensdistribution.** Von *K. P. Kisker.* 200 S. 1964. DM 33,60

80 **Die Grundsätze der pluralistischen Wirtschaft.** Von *J. Solterer.* 112 S. 1964. DM 18,60

81 **Wissenschaftliche Agrarpolitik im Königreich Norwegen.** Von *V. Frhr. v. Malchus.* 129 S. 1964. DM 19,60

82 **Finanzpolitische Willensbildung in der Bundesrepublik Deutschland.** Von *R. Glaeser.* 234 S. 1964. DM 38,60

83 **Determinanten der internationalen Güterströme.** Von *P. Düesberg.* 180 S. 1965. DM 29,60

84 **Lohnbildung im Wechselspiel zwischen politischen und wirtschaftlichen Kräften.** Von *B. Külp.* 401 S. 1965. DM 56,—

85 **Die Interpretation der Theorie David Ricardos als geschlossenes nicht arbeitswert-axiomatisches Gleichgewichtssystem.** Von *H. Bydekarken.* 154 S. 1965. DM 29,60

86 **Organisationstheorie, Theorie der Unternehmung und Oligopol.** Von *H.-G. Krüsselberg.* 217 S. 1965. DM 29,80

87 **Neue landwirtschaftliche Unternehmenstypen in der Bundesrepublik?** Von *A. Nienaber.* 323 S. 1965. DM 48,—

88 **Die Vergrößerung der Bandbreite für Devisenkursschwankungen.** Von *G. N. Halm.* 68 S. 1965. DM 8,—

89 **Die Lehre von der optimalen Bevölkerungszahl.** Von *H. Adebahr.* 150 S. 1965. DM 22,80

90 **Finanzierungsprobleme in den Entwicklungsländern.** Von *T. Scharf.* 126 S. 1965. DM 18,60

91 **Grundlagen und Formen der Preisdifferenzierung im Lichte der Marktformenlehre und der Verhaltenstheorie.** Von *L. M. Schmid.* 158 S. 1965. DM 24,80

92 **Absatztheorie der Einsatzprodukte.** Von *G. v. Beckerath.* 110 S. 1965. DM 19,60

93 **Der Sozial-ökonomische Rat der niederländischen Wirtschaft.** Von *M. Estor.* 208 S. 1965. DM 33,60

94 **Die Bedeutung staatlicher Entwicklungsplanung für die wirtschaftliche Entwicklung unterentwickelter Länder.** Von *W. E. Behrens.* 165 S. 1966. DM 26,60

95 **Aufbau und Verfassung der britischen und amerikanischen Gewerkschaften.** Von *A. Villiger.* 208 S. 1966. DM 36,—

96 **Zur Problematik des flexiblen Wechselkurses der Währung eines relativ preisstabilen Landes.** Von *R. Meimberg.* 44 S. 1966. DM 6,60

97 **Die demokratischen Grundlagen der funktionalen Finanzwirtschaften.** Von *J. Ufer.* 105 S. 1966. DM 15,80

98 **Gesellschaftsschädigungen und Wohlfahrtsökonomik.** Von *K. H. Steinhöfler.* 122 S. 1966. DM 22,60

99 **Externe Effekte der Produktion und ihre Bedeutung für die Wirtschaftspolitik.** Von *K. Heinemann.* 149 S. 1966. DM 28,—

100 **Die eisenschaffende Industrie Latein-Amerikas.** Von *E. A. Boas.* 174 S. 1966. DM 28,—

101 **Strukturwandlungen der westdeutschen Automobilindustrie.** Von *K. W. Busch.* 208 S. 1966. DM 33,60

102 **Zölle und Lohnquote.** Von *R. Peffekoven.* 238 S. 1966. DM 38,60

103 **Die Verteilungstheorie von Kenneth E. Boulding.** Von *W. Kerber.* 178 S. 1966. DM 29,60

104 **Der Einfluß des technischen Fortschritts auf die Preise landwirtschaftlich genutzten Bodens in Industrieländern.** Von *H. Griesbach.* 126 S. 1966. DM 29,60

105 **Wichtige Erscheinungsformen der Lohnquote.** Von *P. Klemmer.* 134 S. 1967. DM 19,80

106 **Zur Theorie der Außenwirtschaft.** Von *M. Klafkowski.* 325 S. 1967. DM 58,60

107 **Die Kreditplafondierung, eine geld- und kreditpolitische Notwendigkeit.** Von *K. Klein.* 246 S. 1967. DM 39,80

108 **Der französische Trésor.** Von *H. Zuber.* 210 S. 1967. DM 38,60

109 **Monetäre Voraussetzungen der gesamtwirtschaftlichen Nachfrage.** Von *E.-A. Gramann.* 124 S. 1967. DM 22,60

110 **Das wirtschaftspolitische Instrumentarium.** Von *R. Krüger.* 141 S. 1967. DM 24,—

111 **Volkswirtschaftliche Theorie des technischen Fortschritts.** Von *R. Eder.* 150 S. 1967. DM 24,60

112 **Die Industrialisierung Indiens unter dem Druck der steigenden Auslandsverschuldung.** Von *H. Breuer.* 162 S. 1967. DM 29,60

113 **Steigender Steuerdruck bei sinkendem Geldwert.** Von *A. Tautscher.* 73 S. 1967. DM 12,60

114 **Entwicklung der Wirtschaft.** Von *H. Stephenson.* 122 S. 1967. DM 19,80

115 **Bürgschaften und Garantien als Mittel der Wirtschaftspolitik.** Von *E.-A. Conrad.* 191 S. 1967. DM 29,60

116 **Der Internationale Ausgleich der Faktorpreise.** Von *K. Mackscheidt.* 258 S. 1967. DM 44,60

117 **Entlohnungssysteme und sozialer Konflikt.** Von *A. W. Michl.* 150 S. 1968. DM 26,60

118 **Behandlung und Erkenntniswert der Erwartungen in der Wirtschaftstheorie.** Von *P. Machinek.* 205 S. 1968. DM 36,60

119 **Das Kartell.** Von *D. Eckel.* 334 S. 1968. DM 59,80

120 **Umverteilung und wirtschaftliche Entwicklung.** Von *E. Weissel.* 101 S. 1968. DM 16,80

121 **Die Theorie der Domination von François Perroux.** Von *U. Jeck.* 148 S. 1968. DM 26,60

122 **Markttransparenz und Preispolitik.** Von *E. Lindemann.* 142 S. 1968. DM 24,60

123 **Die Entwicklungspolitik der Volksrepublik China 1949 bis 1962.** Von *U. E. Simonis.* 196 S. 1968. DM 44,60

124 **Die Wirkungen zwischenstaatlichen Kapitalverkehrs auf Wechselkurse und Zahlungsbilanzen.** Von *E. v. Wangenheim.* 137 S. 1968. DM 32,60

125 **Die Politik der Reichsbank von 1876 - 1914 im Lichte der Spielregeln der Goldwährung.** Von *M. Seeger.* 161 S. 1968. DM 29,60

126 **Wird die kleine und mittlere industrielle Unternehmung diskriminiert?** Von *B. Gellner.* 189 S. 1968. DM 33,60

127 **Theorie der personellen Einkommensverteilung.** Von *H.-J. Krupp.* 260 S. 1968. DM 39,—

128 **Wirtschaftssystem und Industrialisierung in den Entwicklungsländern.** Von *H. Effenberger.* 167 S. 1968. DM 29,60

129 **Ordnungspolitische Probleme des Warentests.** Von *D. Meiners.* 215 S. 1968. DM 42,60

130 **Zur Theorie der Devisenmärkte.** Von *J. Schröder.* 148 S. 1969. DM 29,80

131 **Der metallische Rohstoff Zinn.** Von *W. Gocht.* 260 S. 1969. DM 56,60

132 **Makroökonomische Wirkungen der Sozialen Sicherung.** Von *S. Schultz.* 163 S. 1969. DM 29,80

133 **Effektivität und Legitimität der Tarifautonomie.** Von *H. Weitbrecht.* 267 S. 1969. DM 48,60

134 **Die Koordination von gesamtwirtschaftlicher, regionaler und lokaler Planung.** Von *R. Krüger.* 192 S. 1969. DM 36,—

135 **Wirtschaftslenkung und Preisintervention.** Von *A. Hegelheimer.* 312 S. 1969. DM 58,60

136 **Wirtschaftstheoretische Überlegungen zu Grundannahmen der Nationalökonomie.** Von *L. Bauer.* 153 S. 1969. DM 29,80

137 **Arbeitsmobilität und regionales Wachstum.** Von *H.-J. Bodenhöfer.* 196 S. 1969. DM 36,60

138 **Grundbegriffe der Statistik.** Von *G. Marinell.* 99 S. 1969. DM 18,60

139 **Die Rolle der Offiziere in der deutschen Wirtschaft nach dem Ende des Zweiten Weltkrieges.** Von *M. Lesch.* 179 S. 1970. DM 38,60